Danièle Clavel

Vers une pragmatique de la pluralité des savoirs

Danièle Clavel

Vers une pragmatique de la pluralité des savoirs

L'exemple de la biodiversité cultivée et des semences paysannes de maïs en France

Presses Académiques Francophones

Impressum / Mentions légales
Bibliografische Information der Deutschen Nationalbibliothek: Die Deutsche Nationalbibliothek verzeichnet diese Publikation in der Deutschen Nationalbibliografie; detaillierte bibliografische Daten sind im Internet über http://dnb.d-nb.de abrufbar.
Alle in diesem Buch genannten Marken und Produktnamen unterliegen warenzeichen-, marken- oder patentrechtlichem Schutz bzw. sind Warenzeichen oder eingetragene Warenzeichen der jeweiligen Inhaber. Die Wiedergabe von Marken, Produktnamen, Gebrauchsnamen, Handelsnamen, Warenbezeichnungen u.s.w. in diesem Werk berechtigt auch ohne besondere Kennzeichnung nicht zu der Annahme, dass solche Namen im Sinne der Warenzeichen- und Markenschutzgesetzgebung als frei zu betrachten wären und daher von jedermann benutzt werden dürften.

Information bibliographique publiée par la Deutsche Nationalbibliothek: La Deutsche Nationalbibliothek inscrit cette publication à la Deutsche Nationalbibliografie; des données bibliographiques détaillées sont disponibles sur internet à l'adresse http://dnb.d-nb.de.
Toutes marques et noms de produits mentionnés dans ce livre demeurent sous la protection des marques, des marques déposées et des brevets, et sont des marques ou des marques déposées de leurs détenteurs respectifs. L'utilisation des marques, noms de produits, noms communs, noms commerciaux, descriptions de produits, etc, même sans qu'ils soient mentionnés de façon particulière dans ce livre ne signifie en aucune façon que ces noms peuvent être utilisés sans restriction à l'égard de la législation pour la protection des marques et des marques déposées et pourraient donc être utilisés par quiconque.

Coverbild / Photo de couverture: www.ingimage.com

Verlag / Editeur:
Presses Académiques Francophones
ist ein Imprint der / est une marque déposée de
OmniScriptum GmbH & Co. KG
Heinrich-Böcking-Str. 6-8, 66121 Saarbrücken, Deutschland / Allemagne
Email: info@presses-academiques.com

Herstellung: siehe letzte Seite /
Impression: voir la dernière page
ISBN: 978-3-8381-4031-5

Vers une pragmatique de la pluralité des savoirs : l'exemple de la biodiversité cultivée et des semences paysannes de maïs en France

Résumé

La biodiversité a fait sa véritable entrée en scène à Rio, lors du sommet de la terre en 1992. La biodiversité cultivée est la partie de la biodiversité globale qui est attachée au secteur des variétés et des semences ce en quoi elle est un enjeu de pouvoir et d'affrontements majeur. La question de la diversité biologique est aujourd'hui jugée centrale par toutes les sciences en particulier parce que la variation biologique, facteur-clé de la conservation du potentiel d'évolution, est une dimension majeure des capacités de résilience des sociétés humaines. Concept complexe, multi échelles et multiforme, la gestion de la biodiversité pose une question fondamentale, celles des rapports entre les sociétés humaines et la nature. Ces relations sont particulièrement visibles dans les sociétés du Sud qui ont développé des interactions étroites entre leurs modes d'agriculture, leur environnement et leurs pratiques socio-culturelles. Ce nouveau champ de recherche occasionne actuellement des recompositions d'alliances et de disciplines scientifiques. Cependant la norme du travail scientifique dans nos sociétés – morcellement disciplinaire, hypothèses simplifiées et modèles top-down – segmente la connaissance et nuit aux avancées théoriques et méthodologiques sur cette question éminemment transversale. Or, les dimensions scientifiques mais aussi morales et politiques de la conservation de la biodiversité obligent à sortir des formes conventionnelles de production du savoir scientifique de manière à en reconnaître l'importance et à y associer, les savoirs dits non scientifiques ou locaux. C'est l'un des aspects de cette confrontation des savoirs que nous avons essayé de mieux comprendre à travers la rencontre avec le *Réseau Semence Paysanne (RSP),* en particulier son groupe maïs en Périgord et certains acteurs de la société et de la recherche autour d'un même objet et de questions partagées. L'enquête conduite auprès des acteurs et dans les lieux d'échange de savoirs nous a fourni un éclairage réflexif sur les relations entre le monde de la recherche en biologie et celui de la "demande sociale". Elle a permis d'argumenter de façon concrète la justification et la légitimation des activités productrices de savoirs dans le domaine de la biodiversité cultivée et des semences en France. La réflexion a conduit à questionner la formule classique de l'écologie *«penser global et agir local»* et à reconsidérer l'intérêt du pragmatisme en ceci qu'il permet de nourrir la pensée par l'action. Certains courants théoriques issus du pragmatisme anglo-saxon, la sociologie de la traduction, l'approche autour du concept de démocratie technique, tous deux défendus par B. Latour, M. Akrich, M. Callon et L. Boltanski notamment, sont abordés ici pour voir en quoi ces approches permettent une pluralité de réponses pratiques tout en enrichissant un référentiel théorique autour des façons d'envisager la coopération entre sciences et sociétés sur l'enjeu de la biodiversité cultivée. Nous pensons que l'obligation et l'urgence de la recherche de réponses locales aux dégradations de la nature peuvent être vues comme une contrainte mais aussi comme une opportunité de multiplier les formes d'échanges et de confrontations entre sciences de la nature et sciences sociales, mais aussi entre ces disciplines et les partenaires non scientifiques de la société.

Plan

Chapitre 1. Introduction générale

Dans cette introduction générale, je préciserai mon positionnement particulier dans ce master que je réalise dans le cadre d'une formation continue du CIRAD. J'exerce au CIRAD depuis 1986 les fonctions de sélectionneuse de terrain engagée ces cinq dernières années dans des activités liées à l'innovation rurale participative en Afrique (Clavel, 2011 ; Kane et Clavel, 2011). J'indiquerai ensuite, de façon synthétique, les enjeux et les modalités de la biodiversité afin d'y insérer ma problématique de stage. Cette courte introduction ouvrira sur les chapitres suivants présentant la méthode (Chapitre 2), les résultats (Chapitre 3) et la proposition théorique finale (Chapitre 4).

1.1. Construire mon projet scientifique

Le stage de master contribue à la définition de mon projet scientifique au sein de l'Unité Mixte de Recherche (UMR) Amélioration Génétique et Adaptation des Plantes Méditerranéennes et Tropicales (AGAP/Département Systèmes Biologiques-BIOS). Cette contribution s'inscrit dans un des grands objectifs de l'UMR et du département BIOS qui est de **promouvoir les approches de recherche transversales produites en partenariat multi acteurs entre le Nord et le Sud afin d'améliorer l'appropriation et l'utilisation des résultats de recherche dans les sociétés.**

Dans une planète fortement anthropisée sur fond de crise écologique et économique, l'amélioration de l'impact de la recherche et de son articulation avec les grands enjeux environnementaux et sociaux est en effet devenue une priorité. Le secteur de la génétique végétale, de l'adaptation des variétés et semences à des environnements en crise est au centre des préoccupations de l'UMR AGAP. La gestion équitable et durable de la diversité génétique agricole, centrale pour la **biodiversité cultivée**, est donc un objectif majeur. Les recherches conduites à AGAP sont actuellement concentrées sur les aspects biologiques et génétiques de la question de la gestion du vivant végétal et intègrent peu les aspects, économiques et sociaux de cette question. Or la recherche de solutions applicables et durables implique une intégration disciplinaire forte au sein des sciences biologiques mais aussi entre sciences biologiques et sciences sociales et humaines. L'ouverture disciplinaire est nécessaire pour rendre les connaissances opérantes et accroître l'impact des résultats de recherche sur les plans économique, social et humain mais elle n'est pas suffisante. Elle devrait en même temps impliquer d'une façon déterminante les personnes et institutions qui vont utiliser les résultats. Il y a donc une double exigence : celle d'accroître les interactions disciplinaires et celle de mettre en œuvre un dialogue constructif avec les parties concernées par nos recherches à l'intérieur de la société

L'interdisciplinarité à l'intérieur des sciences de la vie biologique et entre ces dernières et les sciences sociales ne va pas de soi car l'histoire des disciplines scientifiques a favorisé et institutionnalisé les segmentations croissantes entre les disciplines et, à l'intérieur, entre champs ou objets disciplinaires. Au 20e siècle, le processus de spécialisation des sciences c'est à dire des savoirs scientifiques mais aussi des approches, des méthodes, des systèmes de validation etc. s'est accru fortement. La définition de la problématique de ce stage de master a donc tenu compte de mes compétences de sélectionneur généticienne de terrain sur maïs et arachide et de ma nouvelle qualification en sciences humaines dans une perspective de meilleure articulation entre disciplines autour d'un objet complexe commun : la biodiversité.

Les croisements de savoirs disciplinaires sur des thèmes transversaux apparaissant vitaux pour la planète mais ne peuvent aboutir sans une approche volontariste de l'UMR mais aussi de la recherche biologique en général. Ces enjeux majeurs sont maintenant largement reconnus à l'échelle géopolitique et scientifique, notamment pour réfléchir autrement la place de la recherche scientifique dans l'amélioration des formes de gestion des ressources naturelles et génétiques dans un contexte de changement climatique et de pauvreté croissante. Si l'on veut véritablement préserver le potentiel d'adaptation du vivant à l'intérieur d'écosystèmes de plus en plus en plus contraints par la pression anthropique, il nous faut refonder les relations entre la recherche et la société. Une rupture épistémologique doit s'opérer (Barbault, 2005) avec une **vision renouvelée sur la façon de pratiquer la recherche scientifique** en l'associant **à l'action**. C'est à cette **construction nouvelle que je souhaite participer à travers ce master, comme première étape, et ce mémoire de master**.

1.2. Enjeux et modalités de la biodiversité cultivée abordés dans l'étude

Dans cette partie introductive de la problématique du stage, je présenterai de façon synthétique les aspects de la biodiversité cultivée permettant de situer l'étude dans son contexte scientifique et politique. Les concepts de biodiversité et de biodiversité cultivée ainsi que les nouvelles institutions de la biodiversité seront revisités de façon plus détaillée sur les plans scientifiques et politiques dans le chapitre des résultats (Chapitre 3.1). Le présent chapitre précisera également les terminologies techniques de la sélection variétale indispensables pour la compréhension de la problématique de l'étude.

La notion de biodiversité est, peut être plus encore que celle de changement climatique, très diversement appréhendée tant ses formes sont multiples et, partant, difficiles à partager et promouvoir. Chacun détient une connaissance et une représentation particulière des questions liées à la conservation et à la gestion de la biodiversité et lui donne un sens particulier : un agriculteur ne la définit pas de la même manière qu'un généticien ou un chercheur en sciences sociales ou une personne engagé dans une ONG etc. Le concept même de biodiversité est nouveau dans l'histoire des disciplines scientifiques (Barbault, 2006 ; Bonneuil et Fenzi, 2010), et occasionne des ruptures épistémologiques qui recomposent le paysage des alliances et coopérations entre disciplines. Parce qu'elle permet l'adaptation aux changements, **la conservation du vivant dans sa diversité** est jugée centrale par toutes les sciences. Mais il y a un pas important entre **comprendre la biodiversité dans toutes ses dimensions** et **avancer dans les solutions qui permettent de la préserver face aux évolutions climatiques et à la mise en péril de la** sécurité alimentaire à l'échelle mondiale. C'est à ce niveau précisément que les modalités proposées par les très nombreuses parties-prenantes de la biodiversité divergent.

Cette étude traite plus particulièrement d'une partie de la biodiversité globale, celle qui est constituée par la **biodiversité cultivée** attachée au secteur des semences et variétés. La biodiversité cultivée ou agricole concourt en effet de façon notoire à la gestion dynamique de la biodiversité mondiale (Agriculture et biodiversité 2008 ; Barbault et Weber, 2010). **La sélection variétale** a été longtemps une compétence propre de l'agronomie s'intéressant à la biodiversité cultivée. Jusqu'aux conférences récentes sur la biodiversité, les sélectionneurs parlaient de variabilité génétique comme d'une condition nécessaire à la sélection variétale mais ne traitaient pas directement de biodiversité cultivée qui, nous détaillerons ce point au chapitre 3.1, est un concept récent. D'abord essentiellement pratiquée par les agriculteurs (mais aussi par des tradi-praticiens, chamanes et autres spécialistes des plantes dans les communautés humaines) de façon empirique, la sélection variétale est peu à peu devenue dans le monde occidental une pratique scientifique. Celle-ci s'est développée en Europe avec les travaux de Darwin puis de Mendel qui en ont dévoilé les mécanismes biologiques fondamentaux (Bonneuil et Fenzi, 2011).

La sélection variétale est une forme de **gestion des ressources génétiques** (**RG**) qui constituent la biodiversité cultivée. Autrement dit, la **gestion des RG** diversifiées est le fondement de la sélection variétale. Pour garantir le progrès génétique et le capital adaptatif des plantes face aux changements, il faut **gérer** - c'est-à-dire **collecter, maintenir, conserver** et **étudier**- les RG. Le terme générique de RG est employé en génétique, il correspond à une généralisation du mot « semences » ou « graines » utilisées dans la sélection variétale en tant que ressources dans lesquelles on puisera pour trouver et sélectionner les caractères recherchés. Les RG d'une espèce constituent un réservoir de diversité et d'adaptation pour cette espèce. Le principe central de la sélection et de la création variétale est donc de « fixer», de façon plus ou moins définitive, certaines combinaisons génétiques à l'intérieur de variétés à des fins particulières.

Toute variété est maintenant définie par l'Union internationale pour la Protection des Obtentions Végétales (UPOV) selon des critères précis impliquant notamment une homogénéité génétique qui amène à distinguer des variétés dites modernes et des variétés dites de pays. Dans les cas, très majoritaires aujourd'hui, de la sélection d'hybrides, d'OGM ou de la sélection clonale, la variabilité génétique est réduite c'est-à-dire que les combinaisons de gènes sont fixées. Mais dans d'autres cas, beaucoup plus rares actuellement, comme dans la sélection de populations végétales pratiquée depuis toujours de façon empirique par des agriculteurs, le travail de sélection est fondamentalement différent. Ce travail consiste en une succession de cycles de culture où la variabilité génétique est successivement réduite puis enrichie de manière à préserver la capacité d'adaptation des plantes tout au long du processus (voir ENCADRE 1 pour une définition des **variétés fixées** et des **variétés-populations,** illustré dans le cas du maïs).

Un des moyens les plus efficaces de conserver les RG dans leur diversité c'est de les utiliser, c'est-à-dire de les semer, les observer puis de les sélectionner en fonction des objectifs recherchés: on parle alors de **gestion dynamique *in situ***, c'est ce que font encore certains paysans en France et à travers le monde. Les chercheurs-sélectionneurs pratiquant la sélection dans des variétés-populations sont devenus ultra minoritaires même dans la recherche publique.

La gestion de la biodiversité cultivée ne se limite pas à des pratiques de sélection et de création variétale, elle comprend aussi la multiplication et la commercialisation des semences, plants et variétés et tous les aspects socio-économiques et légaux qui en découlent. Le secteur de la semence est donc considéré comme un levier majeur du développement agricole et rural. Il est, à ce titre, convoité et âprement défendu par les multinationales de la semence car source de profit inépuisable, la semence étant l'intrant obligatoire de l'agriculture au Nord comme au Sud (Boisvert et Vivien, 2010).

La biodiversité cultivée couvre ainsi un vaste secteur d'activités qui se trouve au centre d'un débat on ne peut plus actuel opposant deux démarches : une démarche diversifiée selon le contexte et participative *versus* une démarche standardisée et oligopolistique (Bonneuil *et al.*, 2006). Ce secteur est aussi en pleine mutation : un nouveau régime de production des savoirs et d'innovations de type «*territorialisé participatif*» se développe face au modèle descendant (top down). Ce modèle top-down est celui de gigantesques groupes privés à la fois semenciers et agro chimiques très peu nombreux et largement dominants (Bonneuil *et al.*, 2006). Il est principalement pris en charge par un système d'acteurs spécialisés et très réduit du fait de la concentration très rapide des multinationales semencières ces 30 dernières années. L'autre démarche, celle de notre terrain d'étude, est caractérisée par une gestion collective de la biodiversité par les praticiens de l'agriculture. En outre, ce débat oppose - parfois de façon spectaculaire dans le cas par exemple des « faucheurs volontaires d'OGM » - différents acteurs détenteurs de différents types de savoirs.

C'est l'un des aspects de cette confrontation des savoirs que nous allons essayer de mieux comprendre à travers l'expérience du *RSP* et de ses partenaires de la société et de la recherche. Partant de la problématique du *RSP* autour de la biodiversité cultivée et de la semence, l'étude s'inscrit dans le cadre général d'interrogation des liens entre sciences et sociétés afin de **mieux insérer la démarche scientifique dans le champ social** (Jollivet, 2011 ; Bonneuil *et al.*, 2006 ; Bonneuil, 2008). Elle a l'ambition de fournir un éclairage sur la relation du monde de la recherche avec une demande sociale prégnante et plus généralement avec la société dans notre système de démocratie libérale.

La réflexion sera centrée sur le régime de production des savoirs en matière de biodiversité cultivée, les critiques et controverses qu'il suscite comme en témoignera la réalité que nous décrirons tout au long de cette étude. Après une introduction dans le **chapitre 1**, la méthode et les sources d'information utilisées seront présentées dans le **chapitre 2**. Le **chapitre 3** présentera les résultats tirés de l'information recueillie auprès de différents acteurs du *RSP* et dans l'actualité politico-scientifique sur la question de la biodiversité. Le **chapitre 4** tentera d'élargir la portée des résultats et ambitionne d'identifier des **points de passages pour une construction commune de connaissances entre sciences biologiques et sciences sociales** et des **ponts entre savoirs scientifiques et savoirs non scientifiques**. Pour cela nous proposerons une grille de compréhension et d'analyse des activités liés aux questions environnementales en empruntant aux concepts proposés par la sociologie pragmatique. Ce rapport conclura sur l'étude conduite et également sur l'évolution de mon propre positionnement scientifique. Il constituera le socle des acquis de la formation afin de déterminer mon **projet scientifique au sein de l'UMR AGAP** et du Département BIOS du CIRAD.

<u>Chapitre 2</u>. Méthodologie

Ce chapitre décrit le *modus operandi* de la construction de la problématique, de la question de recherche et du protocole d'enquête de terrain ainsi que les concepts théoriques mobilisés pour acquérir et analyser les données.

2.1. <u>Problématique d'étude</u>

Pour des raisons liées à ma propre compétence (voir chapitre 1.1) et à l'actualité scientifique et politique (voir chapitre 3.5), j'ai choisi un objet d'étude dans le domaine **de la conservation de la biodiversité cultivée** et, à l'intérieur de ce domaine, **la production de variétés et de semences paysannes**. Une **recherche bibliographique** m'a permis d'identifier rapidement les **Programmes REPERE** "Réseau d'échange et de projets sur le pilotage de la recherche et de l'expertise" [1] lancés en 2009, suite au *Grenelle de l'Environnement*, par le Ministère de l'Ecologie. Ces programmes visent globalement à produire des recommandations de nature à mieux associer la société civile à la programmation scientifique.

L'une des motivations premières du choix de cet objet d'étude est aussi liée à la période bien particulière qu'est l'année 2012 où **l'existence légale d'une production semencière autonome** de variétés de pays est mise en cause par le projet de loi européen appelé « Better Regulation » et alors que se préparent les rencontres Rio+20 à l'échelle mondiale. Une autre motivation encore : les acteurs du *RSP* et leurs partenaires sont impliqués dans une dynamique critique - donc productrice de savoirs mais aussi faite de désaccords - incluant des producteurs et des scientifiques s'opposant au modèle de production agricole dominant et au **régime institué de production de connaissances** qui hiérarchise les savoirs et ne reconnait finalement que les savoirs scientifiques.

2.2. <u>La question de recherche et l'hypothèse de travail</u>

Le cadrage de cette étude et les modalités d'intervention sur le terrain ont été construits en grande partie avec les acteurs impliqués dans les programmes REPERE phases 1 et 2 (actuelle). La phase 1 a été cordonnée par la *Fondation Sciences Citoyennes* (*FSC*) était une phase d'identification d'expériences en matière de sélection participative (BEDE/FSC/RSP, 2011). Le projet financé dans la 2e phase du Programme REPERE est coordonnée cette fois par l'INRA/ Département Sciences pour l'Action et le Développement (SAD) à Rennes. Ce Projet est intitulé « **Reconnaissance Sociale et Réglementaire de l'Innovation Variétale pour les agricultures biologiques et paysannes, ReSoRiv »** (voir ENCADRE 2).

La question posée dans cette étude vise à approfondir sur le plan socio anthropologique la question règlementaire posée par **ResoRiv** : Elle peut se résumer par : **comment mieux appréhender les motifs, attentes, revendications et initiatives des producteurs, des acteurs associatifs et des chercheurs qui agissent en commun autour de la gestion *in situ* de la biodiversité cultivée ?**

---

[1] http://www.programme-repere.fr/

Répondre à cette question requiert l'approfondissement de la **compréhension de leurs activités notamment celles de certains groupements et associations** qui font la promotion des semences paysannes mais aussi celles des savoirs associés, de manière à faciliter leur reconnaissance. Nous postulons là que **le croisement des regards sur la biodiversité cultivée a une valeur heuristique** (au sens de Callon *et al.*, 2001) c'est-à-dire permet d'éclairer et analyser **les conditions et les procédures d'un « agir social » simultanément efficace et équitable** dans un contexte donné. Il nous faut donc comprendre ces divers regards possibles sur la biodiversité et ce que cette confrontation de points de vue produit.

ENCADRE N°2.

Le projet Reconnaissance Sociale et Réglementaire de l'Innovation Variétale pour les agricultures biologiques et paysannes (ReSoRiV)

Le travail réalisé dans le Programme REPERE1 : Visions paysannes de la recherche dans le contexte de la sélection participative (BEDE/FSP/RSP, 2011) se poursuit grâce au deuxième appel à projets du programme REPERE du ministère de l'Ecologie. Le projet ReSoRiv est porté par le département SAD-Paysage de l'INRA et par la Fondation Sciences Citoyennes (FSC). Le Réseau Semences Paysannes (RSP) et l'Institut Technique pour l'Agriculture Biologique (ITAB) sont également associés au projet. Véronique Chable (INRA-SAD, Rennes) est la coordinatrice du projet.

ReSoRiV a débuté en décembre 2011 et durera 24 mois. Il est conçu comme une plate-forme de dialogue et de proposition pour explorer les voies réglementaires (existantes ou à construire) et les questions de recherche compatibles avec les semences paysannes qui sont pour l'instant dans le domaine informel. Faut-il plutôt s'orienter vers une reconnaissance réglementaire ? Quel système de reconnaissance et donc de réglementation pour les semences paysannes ? En fonction de quels critères ? Le projet vise à éclairer et clarifier les enjeux autour de la reconnaissance règlementaire afin de faciliter la mise en œuvre d'actions par les parties concernées.

Le projet vise en outre à encourager et mieux faire connaître aux ministères et à l'INRA les initiatives et résultats en matière de recherche et sélection participatives, ainsi que les différentes formes de partenariats chercheurs-paysans.

Enfin, le processus mis en place devrait permettre de construire collectivement des propositions réglementaires cohérentes avec les orientations législatives européennes et internationales en matière de variétés cultivées.

Source : Bérangère Storup (FSC), 29 février, 2012

2.3. Objectif de l'étude

Pour comprendre cette diversité de points de vue sur la biodiversité cultivée en France et ce qu'elle génère, nous interrogeons notamment **les motifs et attentes** des acteurs, leurs **savoirs et savoir-faire** et les **modalités de construction des liens** des partenaires du Réseau. L'objectif est de faire émerger à partir des observations *in situ* et des entretiens, de nouvelles questions, hypothèses et voies d'analyse des articulations entre **recherche** et **société** autour d'un **enjeu de coopération pour une action de reconnaissance de cette biodiversité, de ses savoirs et de ses usages.**

De cet éclairage de l'expérience commune d'un collectif d'acteurs associant le *RSP*, une association citoyenne et une structure de recherche, nous escomptons tirer une meilleure définition des conditions:

11

- d'une **production des connaissances** en commun dans l'action et utiles à l'action ;
- d'un accroissement du **rôle des producteurs** dans la construction de questions communes sur la biodiversité cultivée ;
- d'une **reconnaissance** des savoirs paysans et de leurs actions concernant les variétés-populations de pays.

2.4. Protocole d'enquête sur le terrain

Le protocole d'enquête a été établi après consultation de différentes personnes notamment de l'INRA, du CNRS, du Muséum d'Histoire Naturelle (MNHN), au sein du *RSP* (Association Biodiversité : échanges et diffusions d'expériences, BEDE), et des associations citoyennes promotrices du dialogue entre sciences et sociétés (Fondation Sciences Citoyennes/FSC et Nature Sciences et Sociétés (NSS)-Dialogue). Cette phase de consultation a été réalisée à partir d'entretiens directs avec des personnes impliquées dans des projets de REPERE1 et 2, notamment :

- le responsable de l'association RSP/BEDE (Montpellier)
- la responsable du Projet REPERE 1 à la *FSC*
- une chercheuse en anthropologie du Muséum d'Histoire Naturelle de Paris (MNHN) accompagnant le *RSP* depuis plusieurs années
- une doctorante sur la dimension historique des «semences paysannes» de maïs (Direction : C. Bonneuil, CNRS)

Il a été convenu alors de travailler principalement avec les **producteurs de maïs du RSP en Aquitaine/ Groupe AgroBioPérigord** (partie du groupe Bio d'Aquitaine).

2.5. Acquisition des données et acteurs sollicités

La **démarche d'acquisition des données** a mobilisé principalement des concepts et outils de **l'anthropologie sociale du développement** (Olivier de Sardan, 1993 ; 1995 ; Bouju, 2011). Une première phase de consultation a conduit l'identification **d'informateurs privilégiés**. Les données recueillies ont donc été principalement des **récits et discours d'acteurs** réalisés lors de **4 entretiens individuels**, deux **observations participantes** (OP) et un suivi de **l'actualité politico-scientifique** (ASP). Les acteurs avec lesquels nous avons organisé des **entretiens directs** sont : le coordinateur du **RSP**, deux acteurs du **Groupe maïs AgroBioPérigord** et une personne de **l'INRA/SAD** qui les accompagne. Quatre entretiens d'environ 4 heures ont été conduits :

- entretien 1 avec Patrick de Kochko, **coordinateur national du** *RSP ;*
- entretien 2 avec JK, la coordonatrice-animatrice du **Groupe de producteurs de maïs** *AgroBioPérigord ;*
- entretien 3 avec BL, agriculteur membre fondateur du **Groupe de producteurs de maïs** *AgroBioPérigord ;*
- entretien 4 avec VC, une chercheuse en génétique de l'**INRA/SAD de Rennes** impliquée dans le RSP notamment avec *AgroBioPérigord* et coordinatrice du *Projet ReSoRiv* / REPERE 2 (voir ENCADRE N°2)

Les **observations participantes** (**OP**) ont été faites lors de deux évènements incluant la participation du *RSP*, elles ont concerné:

- un forum organisé par le Forum Mondial Science et Démocratie (FMSD) : « *Un forum pour repenser les rapports recherche / société*» tenu à Paris, le 24 mars 2012 (**OP1**) ;
- La fête de la biodiversité au village de Moncrabeau (Lot et Garonne) organisé le 16 mai 2012 par le groupe *Bio d'Aquitaine* / *AgroBioPérigord*, le *CETAB* et *AgroBio47* (**OP2**)

Le concept de biodiversité étant placé sous les feux de l'actualité notamment en 2012 avec la tenue de la conférence Rio+20 et des réunions internationales préparatoires, nous avons adopté une approche attentive à plusieurs évènements touchant le domaine tant sur le plan local que sur le plan global durant les 8 mois de l'étude.

Cette **analyse de l'actualité scientifique et politique** (**ASP**) a concerné principalement:

- Les résultats de la Conférence internationale « *Planet Under Pressure* », tenue du 26 au 29 mars 2012, à Londres (**ASP1**);
- le 13ᵉ Congrès de l'International Society of Ethnobiology (ISE) intitulé « *Cultural diversity for sustainable development; exploring the past to build up the future* » tenu à Montpellier du 20 au 25 mai 2012 (**ASP2**);
- Les conclusions de Rio +20 : bilan et analyse de la déclaration finale Rio + 20 : « *The Future We Want* » (**ASP3**) ;
- le suivi de l'affaire judiciaire à l'échelle européenne qui oppose en France l'association *Kokopelli-semences* à la *société Graines Baumaux* (**ASP4**).

2.6. Analyses des données

Les données et informations sont analysées à la lumière du contexte de la biodiversité et de ses principaux enjeux. Le **contexte international** des questions relatives à la biodiversité et biodiversité cultivée est analysé à travers l'**Analyse biblio 1**. Les informations les plus récentes à cet égard sont regroupées dans le **suivi de l'actualité scientifique et politique (ASP1 à 3)**. Le **contexte européen et français** dans lequel évoluent les acteurs du RSP est précisé dans la description des éléments de **contextualisation de l'étude** et l'actualité **ASP4** dans laquelle un membre du *RSP* est impliqué.

Les activités du *RSP* ont été analysées à travers les **récits et discours d'acteurs** lors des entretiens. La clé analytique des informations recueillies est agencée selon un prisme : **Motifs / Savoirs / Liens,** à savoir :

- **les motifs des actions et attentes des acteurs** (recherche et non recherche) notamment en termes de valeurs, informations, connaissances, espaces de dialogue, compétences
- **Les savoirs, savoir-faire et compétences** qu'ils mobilisent ou développent:
- **les liens entre acteurs, modalités de constructions des relations / partenariats** et **stratégies de communication** entre *RSP* /associations /recherche.

13

2.7. Présentation des résultats

Les informations recueillies et les résultats sont présentés dans le chapitre 3. L'approfondissement de thématiques soulevées par les acteurs rencontrés et lors des évènements **(OP)** s'appuie principalement sur **deux analyses bibliographiques** et un **suivi de l'actualité scientifique politique et citoyenne** (**ASP**) sur les questions de biodiversité.

La première analyse bibliographique (**Analyse biblio 1**) a concerné les **enjeux scientifiques et politiques de la biodiversité** notamment **pour l'adaptation aux changements** (Chapitre 3.1).

La deuxième analyse bibliographique (**Analyse biblio 2**) a exploré **la pensée pragmatique sur la confrontation des savoirs** relatifs aux questions environnementales (Chapitre 4.1) afin de soutenir **la proposition méthodologique** finale (Chapitre 4.2).

Chapitre 3. Résultats

Dans une première partie (3.1), on propose une analyse bibliographique du concept de biodiversité et de ses enjeux qui permettra de mieux situer notre étude de terrain dans son contexte international. Dans la deuxième partie (3.2.) des éléments de contextualisation plus précis de l'étude seront précisés, ils feront le point notamment sur l'histoire de l'introduction d'hybrides de maïs, l'agriculture biologique, la démarche sélection participative et sur les aspects légaux du commerce de semences en Europe et en France. Les trois parties suivantes (de 3.3 à 3.5) présenteront et analyseront les données issues de différentes sources : récits d'acteurs, observations participantes (3.4) et suivi de l'actualité politico-scientifique (3.5).

Les données de terrain, entretiens et observations, sont présentées en mobilisant l'approche de la socio-anthropologie du développement (JP Olivier de Sardan, 1995) qui inspire largement aujourd'hui la socio-anthropologie de l'environnement, nouveau champ de recherche qui émerge en réponse à la crise écologique notamment sous l'impulsion notamment de B. Latour, du MNHN et du Centre d'étude des techniques, des connaissances et des pratiques CETCOPRA /Paris-Sorbonne[2].

3.1. Les enjeux globaux de la biodiversité

Cette analyse bibliographique du concept de biodiversité vise la compréhension des enjeux scientifiques, cognitifs, sociologiques et politiques de la conservation de la biodiversité et des formes de production de connaissances scientifiques et non scientifiques qui lui sont associées. L'objectif de l'analyse est d'éclairer notre interprétation de l'information recueillie sur le terrain, autour des activités scientifiques et citoyennes liées à la conservation de la biodiversité cultivée, de la production de semences de ferme et de l'agriculture durable en France, objets de notre étude.

3.1.1. Introduction : origine et histoire du concept

La diversité du vivant est un concept aussi ancien que la biologie. La notion de « Biodiversité » (ou diversité du vivant) est issue de la biologie de conservation, elle est donc, à l'origine, normative (Larrère et Larrère, 2010). Rebaptisée « biodiversité » dans le contexte du « Sommet de la Terre » de Rio (1992), événement politique et non pas scientifique, la diversité du vivant est alors envisagée selon deux dimensions étroitement articulées : biologique et humaine (Barbault, 2010a ; Gosselin et Gosselin, 2010). Le concept de biodiversité était censé faire prendre conscience du fait que les humains dépendent du tissu vivant planétaire et qu'ils devaient collaborer pour le maintenir en capacité de répondre à des contraintes environnementales nouvelles. Parler de biodiversité c'est donc parler de la vie et des conditions de son maintien dans ses diverses dimensions, biologique et humaine, de la cellule à l'écosystème planétaire en passant par la plante entière, le champ,

---

[2] www.univ-paris1.fr/centres-de-recherche/**cetcopra**/

l'agrosystème, le paysage etc. Dans cette perspective les questions ne sont plus seulement posées par la biologie mais par toutes les sciences, et plus encore par la société (Barbault, 2005 ; 2008).

Parmi les questions environnementales, la biodiversité est certainement la notion qui requiert le plus de médiations et d'illustrations si l'on veut comprendre les multiples représentations qu'en ont les humains, en fonction du milieu où ils vivent, de leurs histoires, de leurs cultures etc. Outre une sémantique plurielle, la biodiversité est aussi pour nos sciences biologiques une entité mesurable et dynamique. Son analyse fait appel à un très grand nombre de disciplines scientifiques dans des champs aussi différents que la botanique, la zoologie, la génétique, l'écologie, la géographie, la biologie de conservation, la sociologie, l'anthropologie, les sciences politiques etc. Une série de nouveaux concepts, voire de « nouvelles sciences » plus ou moins « transversales » ont fait leur apparition à partir de l'agrégation de notions autrefois indépendantes ou séparées (agro-écologie, bioéthique, socio-anthropologie, éco-anthropologie, écologie évolutive etc.) ainsi que des néologismes (socio-écosystème, agro-éco système, études bio-culturelles etc.). Une compréhension correcte de la biodiversité nécessite de maitriser un grand nombre de concepts et avec eux de domaines plus ou moins observables et abstraits, complexes et multi dimensionnels tels que le "changement climatique" (CC). Par exemple il est aujourd'hui difficile de séparer la notion de biodiversité du concept de CC : le CC a un impact sur la diversité biologique et la diversité biologique est, en retour, nécessaire pour l'adaptation aux diverses manifestations du CC. Nous sommes face à un objet d'une rare complexité et multi dimensionnel. Jamais sciences modernes n'ont embrassé aussi large et aucun scientifique ne peut prétendre en être spécialiste.

Vingt ans après sa popularisation, la notion de biodiversité demeure difficile à appréhender tant au niveau de la société qu'au niveau scientifique (au sens large y compris les sciences humaines et sociales). Alors que la biodiversité est à la base de tout ce qui maintient la vie, pourquoi a-t-on du mal à la penser et à agir pour son maintien ? Nous nous attacherons dans ce qui suit à expliciter le rôle de la biodiversité dans la capacité d'adaptation (ou de résilience)[3] des systèmes biologiques et des sociétés humaines, aspect que nous considérons comme un préalable fondamental pour en comprendre les différentes facettes. Puis nous nous poserons la question de savoir comment la recherche scientifique peut se saisir des enjeux de la biodiversité dans le but de soutenir les politiques et en réponse aux attentes ou besoins des sociétés humaines.

3.1.2. Adaptation biologique : protéger le potentiel évolutif des espèces vivantes

Dans son livre le plus connu, «De l'origine des espèces» (1859), Charles Darwin identifie le mécanisme de la *sélection naturelle* comme fondement du maintien de la vie. La sélection qui s'opère

---

[3] En médecine et psychosociologie *l'adaptation* se distingue de la *résilience* en cela qu'une adaptation à de nouvelles conditions de vie peut être négative alors que la *résilience* est la faculté de **reprendre un nouveau développement différent** du développement antérieur après un épisode de souffrance physique, sociale ou psychique. Dans le domaine de la biodiversité et des changements globaux il semble que, à l'instar de la médecine, le terme de « *résilience* » soit préférable à propos du maintien des systèmes socio écosystèmes mais le terme *adaptation* présente l'avantage indéniable d'être compréhensible par tous.

au niveau de n'importe quel être vivant lui permet de s'adapter en évoluant génération après génération. Ainsi Darwin explique que l'évolution des espèces est une succession d'adaptations et que, sans cette possibilité d'adaptation, les espèces s'éteignent. Protéger le tissu vivant de la planète , c'est donc protéger les conditions du maintien de la vie qui repose sur la diversité et sur les capacités d'adaptation du vivant. On sait aujourd'hui, grâce à l'écologie, science des interrelations dynamiques entre les éléments d'un système biologique, que cette capacité d'adaptation s'exerce à toutes les échelles biologiques : microorganismes, variétés, espèces, écosystèmes, paysage, régions, planète. L'écologie a développé le concept **d'écosystème** et décrit leurs fonctions. Les services rendus par les écosystèmes ou services écosystémiques (SE)[4] (par exemple lutte contre l'effet de serre, purification de l'air, fertilisation des sols, contrôle des maladies et des ravageurs etc.), sont aujourd'hui considérés comme autant de services vitaux pour l'humanité. Barbault (2008) décrit un écosystème de la façon suivante : «*C'est de la richesse en espèces qu'ils abritent et de la subtilité des relations qu'elles développent que les écosystèmes tiennent cette propriété majeure, leur résilience, c'est-à-dire leur capacité à restaurer leur organisation et leur fonctionnement après une catastrophe. Une sorte d'assurance sur l'avenir. C'est cette propriété que nous devons cultiver, au-delà du souci de sauvegarde de telle ou telle espèce : laisser à la nature sa capacité d'évolution. C'est de cela dont nos enfants et petits enfants auront besoin*» ce propos rejoint celui de Blandin pour qui ce qui est à préserver aux différents niveaux d'organisation de la biodiversité, c'est un potentiel évolutif (Blandin, 2009). La biodiversité constitue par conséquent une condition essentielle pour **l'adaptation et la résilience des écosystèmes** face aux dérèglements du climat et aux pénuries alimentaires ; elle constitue de ce fait un champ de recherches stratégiques pour l'humanité toute entière et non pour les seuls scientifiques.

3.1.3. Adaptation humaine

Selon les grands auteurs se revendiquant d'approches empiriques comme Elinor Ostrom (1990/2010), Laverack et Labonte (2000), Folke (2006), Morin (1999), la capacité d'adaptation des humains à de nouvelles contraintes passe prioritairement par un renforcement de leurs compétences. Cette « capacitation » doit permettre la responsabilisation des individus (vient du concept anglo-saxon d'empowerment). Elle est le moyen par lequel les « citoyens », en référence à nos modèles démocratiques, ou les « humains » acquièrent la capacité de décider et de contrôler les choix qui touchent leurs vies. Cette autonomie doit leur permettre de penser le futur et de mobiliser des connaissances, scientifiques ou empiriques, pour produire, des techniques et des dispositifs en fonction de ce futur désiré (Kane et Clavel, 2010). Les informations relatives aux dynamiques adaptatives peuvent être relayées par des réseaux basés sur des liens sociaux et des processus d'apprentissage qui promeuvent la diversité des expériences et des connaissances en veillant à ne pas les diluer, ou les réduire. Carl Folke (2003 ; 2006) identifie quatre conditions premières pour que

---

[4] La notion de biodiversité, au sens de la CDB, est souvent confondue avec celle de « Services Ecosystémiques (SE) qui est un concept plus large. La biodiversité représente en fait un seul des facteurs, certes très important, contribuant aux services rendus par les écosystèmes et par ailleurs la biodiversité a une valeur d'existence en tant que telle qui dépasse la notion des SE (d'après Gosselin et Gosselin, 2010).

17

des systèmes de gestion collective de l'adaptation des sociétés humaines à un changement puissent être mise en œuvre :

(1) **(Re) Apprendre à vivre dans l'incertitude et le changement.** Cette manière de vivre était celle de nos aïeux: comportements économes, gestion des risques à partir d'une gestion de la diversité ayant pour objectif de minimiser les risques, notamment (agri) culturaux. Cette stratégie d'adaptation est bien connue des sociétés rurales des pays du Sud notamment dans les zones sahéliennes et arides en situation de précarité climatique (Clavel *et al.*, 2008).

(2) **Faire de la diversité sociale et écologique un maître mot.** Cette diversité représente une ressource de résilience, d'invention et une source de constitution d'une mémoire écologique et sociale. Cette « mémoire d'adaptation» sociale et écologique est essentielle dans un contexte d'uniformisation des modes de consommation et de production du « modèle » de développement occidental. Cette revendication gagne du terrain mais elle est encore le fait de groupements d'acteurs minoritaires.

(3) **Construire de nouveaux systèmes de connaissances.** C'est la **condition centrale** (Kane et Clavel, 2010, Coudel et Tonneau, 2010). Les comportements adaptatifs sont toujours fonctions des niveaux de connaissances et des échanges entre experts et profanes. Les nouvelles connaissances sont à **expérimenter en situation** (processus d'intégration de nouveaux savoirs de type *« learning-by-doing »*) : cette perspective qui est **l'injonction récurrente** de ces dernières années (notamment dans certains textes de politiques d'intervention pour le développement) revalorise les démarches de recherche-action, mais aussi les démarches et dites participatives et plus spécifiquement encore les démarches de co-construction de savoirs entre différents détenteurs de savoirs.

(4) **laisser s'exprimer et comprendre les situations d'auto-organisation socio-ecologiques.** L'auto organisation est mise en oeuvre dans des situations complexes (non simplifiables) où interviennent des facteurs humaines et sociales en **interaction dynamique** avec des facteurs écologiques et ceci à différentes échelles (local/global). Selon Folke (2006), il est nécessaire de comprendre ces systèmes de co-evolution des systèmes sociaux et écologiques et de laisser la créativité et les variations s'exprimer, de manière à clarifier les interactions et retro actions de la **construction de la résilience** dans les sociétés humaines.

3.1.4. Place de la biodiversité agricole dans l'adaptation

Quelques chiffres permettent d'avoir une vision très globale de la situation française en matière de biodiversité cultivée pour les 2 céréales les plus cultivées, le blé (5 million d'ha) et le maïs (1,5 millions d'ha) : 7 variétés couvrent 50% des surfaces cultivées en blé alors que les collections de l'INRA en dénombre plus de 300 en 2006/2007. Avant la «révolution hybride» des années 60, les variétés de maïs se comptaient par centaines et étaient cantonnées au sud de la Loire, aujourd'hui, moins d'une vingtaine couvrent 80% de la surface: une même variété hybride (génotype unique) peut couvrir jusqu'à 65 000 ha (cas de la variété « Ronaldinio », avec plus de 65 000 hectares couverts en 2011, d'après le Groupe *InVivo* (http://www.invivo-group.com/fr).

L'agriculture est à l'origine de toutes les espèces domestiquées. La biodiversité cultivée est le nouveau nom donné aux ressources génétiques (RG) utilisées en sélection pour créer de nouvelles combinaisons génétiques (variétés) mieux adaptées à une contrainte (biologique, technologique, commerciale etc..) dans ce champ de pratiques. La troisième édition des perspectives mondiales de la diversité biologique (Secretariat CDB, 2010) indique que la biodiversité cultivée (BC) continue de décroître en touchant tous les écosystèmes et particulièrement ceux des zones tropicales. Elle précise que l'érosion de la diversité génétique au sein des systèmes agricoles est très préoccupante particulièrement pour les communautés rurales pauvres car **des ressources naturelles limitées restreignent les possibilités de résilience et d'adaptation** aux CC rendant ces populations extrêmement vulnérables. Cette étude de référence inscrit un chapitre « diversité génétique » qui éclaire les enjeux liés aux variétés locales et à la sélection variétale. Pour un agronome sélectionneur ou un agriculteur bio par exemple, la diversité génétique est une nécessité car sans diversité aucune sélection possible pas plus naturelle qu'artificielle pour adapter un organisme vivant à de nouvelles conditions ou contraintes. Des ressources génétiques diversifiées sont essentielles pour créer de nouvelles variétés car une race ou une variété considérée comme peu avantageuse aujourd'hui pourra s'avérer très utile dans l'avenir.

La biodiversité agricole est dite « domestique » ou bien « cultivée » lorsqu'il s'agit de plantes, selon la CDB. Elle constitue au niveau international un axe désormais majeur du mandat de la FAO. Mais les tenants de la biodiversité cultivée et de la biodiversité sauvage ne relèvent pas des mêmes disciplines académiques, en ce qui concerne les chercheurs, ni des mêmes collectifs, en ce qui concerne les acteurs de terrain. Cette situation génère des incompréhensions ou oppositions : par exemple, celles qui opposent les puissantes ONG environnementales et les « petits agriculteurs » dans les pays du Sud où se trouvent des espèces sauvages que l'on protège sans prendre en compte les effets de cette protection sur les cultivateurs ou pasteurs qui vivent dans ces zones.

Les études « bio-culturelles » (selon le nouveau vocable utilisé en ethnobiologie) récentes montrent bien que les producteurs agricoles sont les premiers gardiens de la biodiversité agricole car ils détiennent les « *connaissances nécessaires pour la gérer et la maintenir* » (CDB, 2010), ils ont une « expérience » ancienne de l'adaptation ou de la résilience à travers la « *gestion collective et intégrée* » de la nature (CDB, 2010). La relation entre perte de diversité biologique et perte de diversité culturelle est de mieux en mieux documentée, elle soutient une revendication active de la part de la mouvance altermondialiste, d'une action politique de grande envergure remettant en question le modèle de développement consumériste et uniformisant du 20e siècle. A cet égard, nous mentionnons des observations réalisées dans le cadre du 13e congrès de la Société Internationale intitulé « Cultural diversity for sustainable development; exploring the past to build up the future » (Montpellier, 20-25 mai 2012), analysées du point de vue de **la liaison entre agriculture et environnement au niveau des sociétés**. En effet, la gestion des activités agricoles et rurales avec un ancrage très fort dans leurs environnements est pratiquée avec une grande subtilité par les communautés les plus exposées ou contraintes notamment les sociétés du Sud. Parmi elles, celles des régions fortement contraintes par la sécheresse ou les tribus nomades par exemple qui ont pu souvent **transcender la dualité Culture (société humaine) /Nature (ressources et évolution de l'environnement) par la mise au point de systèmes socio culturo-alimentaire extrêmement sophistiqués.** Les études concernant es relations des sociétés rurales agricoles avec leur environnement révèlent:

– une évidence de la co incidence entre **la perte de diversité culturelle** et **la perte de diversité biologique** qui a conduit à l'émergence assez récente (environ10 ans) du concept de « biodiversité culturelle et écologique » ;

– le fait que **la semence en tant que telle fait l'objet d'un traitement spécifique tant au niveau de sa gestion communautaire où un rôle important est souvent dévolu aux femmes, qu'au niveau de sa place très spécifique dans la sécurité alimentaire.** A noter cette évolution récente dans le système de l'aide alimentaire après une catastrophe, la mise en oeuvre de dispositions tenant compte des réseaux de gestion communautaires des semences existant (Seeds System Security Assessments ou SSSAs) mis en place au Soudan et Haïti, (2010) ;

– des résultats d'études bio-culturelles récentes qui montrent que les communautés humaines (notamment au Sud) ont une **expérience ancienne de l'adaptation ou de résilience à travers la gestion collective et intégrée de la nature et des systèmes alimentaires localisés** et de nombreux exemples de mise en œuvre de systèmes alimentaires et semenciers écologiques ;

– **un déficit de protocoles et de cadres conceptuels et cognitifs** pour comprendre, analyser et encourager **les dynamiques d'adaptation bio-culturelles.** Par exemple problème d'accès à l'histoire de ces adaptations à travers des études anthropologiques faisant appel aux « histoires de vie » individuelles ;

– la montée en puissance d'un nouveau paradigme de **« gestion écologique et intégrée des ressources naturelles pour l'alimentation et la préservation de l'environnement »** de plus en plus consensuel mais une approche *top down* toujours dominante

– l'observation que cette approche « *descendante* » est encore le fait des grandes ONG de conservation (IUCN, WWF) qui portent atteinte aux systèmes traditionnels lesquels sont majoritairement dédié à la sécurisation de l'alimentation. On note cependant une évolution positive des positions de ces dernières.

– une inadéquation des compensations financières de type **Paiement pour Services Environnementaux** (PES) aux formes de gestion collective observées sur le terrain. Ce qui, outre le problème liés à leurs calculs, encouragent le maintien de ces approches descendantes.

– La mention récurrente des **difficultés de la science instituée** largement attribuées à une structuration disciplinaire inadéquate et à une faible propension à s'emparer des questions de société avec la société. Certaines ONG du Sud ont, en revanche, une expérience bien plus développée en la matière.

3.1.5. Enjeux scientifiques et politico-économiques de la biodiversité

Les enjeux de la biodiversité lient les activités scientifiques et les objectifs politiques et des politiques publiques tant globales que locales. En 2010, déclarée « Année de la biodiversité », le Président du Programme des Nations Unies pour l'Environnement (PNUE) déclare que le concept doit être « démystifié » pour les différents publics notamment par la création de liens avec des concepts plus accessibles. Cette injonction renouvelée 18 ans après la Conférence de Rio a de quoi inquiéter car elle sous entend que l'effort de sensibilisation et d'explication est resté insuffisant face à l'urgence écologique. Elle rejoint par ailleurs l'appel répété dans la plupart des instances de stratégie scientifique de **production de connaissances directement et rapidement utilisables par les sociétés,** critiquant, en creux, le fait que la Recherche n'a pas fourni les réponses attendues. Ou en est-elle? Comment se prépare-t-elle aux mutations qui s'opèrent à un rythme soutenu? Quelles pourraient être les conditions qui permettent aux chercheurs de participer à une double mission : 1/ une mission de collaboration avec d'autres sciences et 2/ une mission de participation à l'action publique afin de trouver des solutions alternatives en associant les autres citoyens.

Un enjeu de production de connaissances : l'interdisciplinarité et la participation du public

En reconnaissant à la biodiversité « *la valeur intrinsèque des éléments de la diversité biologique sur les plans environnemental, génétique, social, économique, scientifique, éducatif, culturel, récréatif, esthétique* », la CDB interpelle la **Communauté Scientifique** à prendre en charge cette diversité d'objectifs et invite les **États** à mieux soutenir la recherche. Les objets de la biodiversité recouvrent en effet divers champs des **sciences humaines** et des **sciences agro biologiques** et cristallisent des **enjeux de sociétés majeurs** mais parfois **antinomiques** (Boisvert et Vivien, 2010) comme : Innovation (changement) *versus* Conservation (précaution) ; Individu (intérêt individuel) *versus* Communauté (gestion communautaire) ; Standardisation (uniformisation) *versus* Adaptation (diversité).

Mais de son côté, la communauté scientifique est éclatée par un morcellement des savoirs entre disciplines scientifiques, au sein de ces disciplines et entre les communautés (Loreau, 2006). Le déficit de compréhension mutuelle entre chercheurs est maximum entre les disciplines des sciences dites « dures » et les disciplines des sciences humaines et sociales (Barbault, 2006) dont la culture et les références sont distinctes. Les difficultés de collaboration entre sciences biotechniques et sciences sociales vont bien au delà de questions de vocabulaires ou de division des tâches : ce sont les approches, postures, objets et références qui, après 60 ans d'une spécialisation intensive, semblent aujourd'hui n'avoir que peu en commun. L'une des conséquences directes de ce clivage entre disciplines mais aussi de l'hyper-spécialisation et de segmentation des champs à l'intérieur des disciplines, c'est que **les sociétés ne reconnaissent plus leurs problèmes dans les objets de la science**.

21

Patronnée par Elinor Ostrom[5], couronnée en 2009 par le Prix Nobel d'économie pour ces travaux sur les « Commons » la Conférence **« Planet Under Pressure »** (PUP) est sans doute l'évènement scientifique le plus important organisé pour la préparation de RIO + (pour plus de détails voir 3.5. Actualité politico-scientifique RIO+20). La déclaration finale de cette conférence a insisté sur une «*restructuration fondamentale de la recherche scientifique*» qui doit «*améliorer la cohérence des politiques environnementales et leur intégration économique et sociale* ». Cette recommandation n'a pas été reprise ni de façon explicite ni de façon implicite par la déclaration de RIO + 20. En revanche il semble que l'inclusion des connaissances apportées par le public et la société ait eu un écho comme en témoigne leurs mentions dispersées dans différents articles de la déclaration Rio+20 « *The Future We Want* ». Une analyse plus détaillée des activités scientifiques autour de Rio+20 est présenté au chapitre 3.5.

Un enjeu politico-économique

Les répercussions de la perte de biodiversité dans les sphères économiques et sociales font, sans aucun doute possible, de la biodiversité un objet très politique. On observe en outre une co incidence entre la perte de diversité culturelle et la perte de diversité biologique qui a conduit à l'émergence assez récente (environ 10 ans) du concept de «biodiversité culturelle et écologique». Les conséquences sur les sociétés humaines de ces pertes culturelles sont encore peu connues car il s'agit d'informations éparses mais convergentes que la « communauté scientifique » n'a pas en commun.

Il n'est, par ailleurs, guère envisageable de faire contenir les innombrables enjeux vitaux du maintien de la biodiversité dans des démarches expertes d'élaboration d'indicateurs socio économiques complexes ou dans des concepts comme celui d' « Empreinte écologique »[6] que la société regarde avec défiance ou sans les comprendre. En avril 2009, le groupe dirigé par B. Chevassus-au-Louis rend son rapport intitulée « *Approche économique de la biodiversité et des services liés aux écosystèmes* » mais cette démarche qui défend une politique de contrôle de la Nature par des rétributions ou des amendes qui seraient fonction des services écosystémiques (SES) rendus ou au contraire empêchés, suscite des critiques (Boisvert et Vivien, 2010 ; Pirad et Billé, 2011 ; Canfin, 2012) ou du moins des réserves de la part de ceux, y compris des auteurs eux mêmes, qui regrettent que les références à l'économie imprègnent toujours plus le discours sur la biodiversité (Gauthier, 2010).

La recherche de solutions technologiques à la crise environnemental a été entériné à Rio + 20 par l'introduction du concept de « *Green Economy* » mais ce dernier n'a pas été défini lors de la conférence ce qui entraine des craintes de la part de la part de certaines institutions (MNHN et le

[5] Elinor Ostrom est décédée en juin 2012. Les «ressources communes» (en anglais the «common pool resources » souvent abrégé par le terme « the Commons ») désigne les ressources naturelles utilisées par de nombreuses personnes en commun, par exemple celles liées à l'agriculture (nappes aquifères, systèmes d'irrigation) et qui font souvent l'objet d'une surexploitation et d'une utilisation abusive au profit de personnes agissant dans leur intérêt propre.
[6] La notion d' « Empreinte écologique » permet d'agréger en un seul indicateur la pression humaine sur les ressources naturelles. Cet indicateur ramène nos différentes consommations en nombre d'hectares nécessaires à la reconstitution du capital naturel de la planète, appelée « biocapacité »

groupe ETC EcoCulture) qui recoupent celles que le FMSD (chapitre 3.4.1). Les instruments de marchés, attributions et échanges de quotas transférables semblent promus mais aucune démarche ne ressort clairement quant à la résolution de nombre de questionnements liés à l'usage raisonné des biens communs, les ressources de la planète (la gestion collective des biens publics communs de la nature).

Aujourd'hui donc, la dégradation de la biodiversité est redéfinie comme un problème relevant à la fois des champs scientifique et politique, et plus précisément comme un problème d'interface entre science et politique (Loreau, 2006). En témoigne la création récente de l'IPBES (Intergovernmental Panel on Biodiversity and Ecological Services, voir ressources Web) dont la fonction est précisément de traduire les informations scientifiques à destination des décideurs politiques dans l'optique d'un dialogue science-politique renforcé et de soutenir une approche interdisciplinaire et multi-acteurs de la recherche. Pour les sciences sociales, la biodiversité est envisagée comme un problème politique et scientifique dans une zone étroite d'articulation entre un registre scientifique de production de connaissances et un registre politique de sensibilisation et d'alerte (Mauz et Granjou, 2010).

3.1.6. Production de savoirs et de connaissances sur la biodiversité

Une caractéristique des grandes questions environnementales contemporaines de la planète, pénurie alimentaire, adaptation au changement climatique et conservation de la biodiversité, est l'intrication de contraintes de nature très différentes (biologiques, physiques, sociales, humaines) et dont la compréhension suppose de changer constamment d'échelle. Le plus souvent, les chercheurs, les politiques ou les experts continuent à raisonner au niveau global par la recherche de *«solutions technologiques»* à la dégradation de la nature. Cette voie est aussi celle du modèle de développement occidental. Mais 20 ans après l'apparition du concept de biodiversité, l'ampleur des problèmes aux niveaux écologique, sociétal et économique montre que ces réponses et leurs cadres théoriques et institutionnels de référence ne sont pas efficaces.

Diverses façons de raisonner les échelles et les conditions d'adaptation

Les approches visant à mettre en cohérence les niveaux global et local se sont développées de façon indépendantes dans les sciences biologiques et les sciences sociales et humaines (SSH). L'écologie fonctionnelle contemporaine nous apprend que les biodiversités définies aux différents niveaux d'organisation du vivant (une population, un groupe fonctionnel, un écosystème, un paysage) ont toutes la propriété de conférer à chacun d'entre eux la faculté de s'adapter aux modifications de son environnement (Larrère et Larrère, 2010). Dans cette vision dynamique, on se préoccupera davantage des *capacités de résilience* que de la stabilité et de l'intégrité des écosystèmes, des populations et des milieux face à des perturbations nouvelles et profondes de l'environnement (Gunderson et Holling, 2001). L'idée générale d'un maintien ou d'un renforcement des capacités adaptatives à tous les niveaux vient renforcer cette conception. Classiquement, en écologie, on distingue 3 grandes échelles où l'adaptation est rendue possible par la diversité : 1) la diversité génétique contenue dans des populations de variétés à l'intérieur d'une espèce végétale ou animale ou intra spécifique, 2) la diversité des espèces ou diversité inter spécifique (nombre et distribution relative des espèces) et 3) la diversité de groupes fonctionnels comme les écosystèmes et les paysages. Se surajoute une diversité fonctionnelle relative au nombre et à la structure des interactions entre groupes fonctionnels à l'intérieur de chaque niveau d'échelle. L'hypothèse faite par la plupart des écologues est que les biodiversités **à tous les niveaux d'organisation du vivant** seraient favorables à la résilience de chacun de ces niveaux et, par conséquent, à la résilience globale. L'établissement de scénarios d'évolution fait partie du travail scientifique en biologie mais l'intégration de facteurs nombreux et très divers rend les modèles peu prédictifs pour un objectif pragmatique (trouver des solutions locales). En ce qui concerne les SSH, de nouvelles démarches sortant de l'opposition classique entre **Nature** (bienveillante et protectrice) et **Culture** (action humaine délétère) se développent. Elles visent à comprendre les liens entre Culture et Nature et les formes de gestion de l'adaptation. En recherche-action, les SSH proposent de construire collectivement des outils d'information et d'apprentissage (voir les systèmes multi agents développés par le CIRAD (Collectif ComMod, 2005). Des approches de type pragmatique sont aussi développées en socio-anthropologie anglo saxonne, et plus récemment francophone.

Besoins en connaissances, besoins en croisements de connaissances

Les liens entre les quatre conditions de l'adaptation collective selon l'école de Folke ne peuvent être réalisés que s'il existe des systèmes de régulation connectés aux prises de décision, aux processus d'apprentissage et aux programmes de recherche sur les interactions entre les activités humaines et les dynamiques de la biodiversité (Folke *et al.*, 2003). Cela nécessite en premier lieu de dépasser les frontières entre disciplines et de rechercher des interfaces pour que puisse se faire l'utilisation des connaissances écologiques traditionnelles ou empiriques. Les socio anthropologues du développement avaient déjà souligné dans les années quatre-vingt la dualité entre deux sources principales de connaissance, celle des praticiens du développement et celle des scientifiques.

Dans la socio anthropologie de l'action développée par le Centre de Sociologie de l'Innovation (CSI), il n'est plus question d'opposer ou de distinguer des types de savoirs mais de les analyser et de comprendre surtout comment se construisent les connaissances pour l'action. Pour le domaine scientifique, Claire Ruault formule ainsi la problématique : « *il s'agit de savoir comment des connaissances scientifiques peuvent être mobilisées dans le cours d'un raisonnement pratique, comme permettant à un moment donné de faire évoluer les questions que l'on se pose ou le type de réponse que l'on souhaite y apporter* ». Plus récemment encore, la sociologie pragmatique peut nous fournir un cadre de réflexion et d'analyse autour des formes et modalités ou conditions de la production et de la mixité des savoirs dans le domaine de la biodiversité. Cet aspect sera traité au niveau du **chapitre 4** dans l'analyse bibliographique des propositions de la sociologie pragmatique.

3.2. Contextualisation de l'étude

Nous avons choisi d'explorer le champ de la biodiversité cultivée à travers les expériences du **Réseau Semences paysannes (*RSP*)** en France. Fondé en 2003, ce réseau regroupe une soixantaine d'associations de producteurs défendant les semences sélectionnées et produites à la ferme (autoproduites). La majorité des agriculteurs membres du RSP sont engagés dans des pratiques de l'**agriculture biologique (AB)** pour laquelle les variétés modernes commercialisées par les grands semenciers ne conviennent pas toujours. Au sein du *RSP*, nous nous sommes intéressés à un groupe particulier d'agriculteurs, le collectif **AgroBioPérigord** car il est **au départ de l'histoire du *RSP*** et parce qu'il **créé des variétés de maïs** en **sélection participative** à partir de **variétés-populations de pays** (voir ENCADRE N°1, chapitre 1.2, p6).

Le maïs est d'abord une céréale tropicale, originaire d'Amérique Latine qui a été acclimatée par sélections successives aux conditions tempérées. L'histoire de son introduction en France est aujourd'hui emblématique de la phase de mutation vécue par l'agriculture paysanne vers une agriculture dite industrielle. Plus précisément encore, c'est avec l'**arrivée en France et en Europe des premiers hybrides de maïs** au début des années 60 que s'établit véritablement cette agriculture industrielle chargée de répondre aux besoins alimentaires d'une population appauvrie par les guerres. Ces premiers hybrides se sont aujourd'hui multipliés, banalisés, leur distribution est à la charge de grandes entreprises monopolistiques qui orientent les formes nationales de régulation, au point qu'à l'heure actuelle les semences dites paysannes, issues des variétés-population anciennes, s'échangent dans des conditions informelles, voire illégales. Elles sont pourtant en progression régulière depuis une dizaine d'années, mais elles échappent au marché et aux royalties. C'est notamment pour cette raison qu'elles sont mises en cause par le **projet de loi européen** appelé « Better Regulation ». D'ici la fin de l'année 2012 en effet, la Commission Européenne (CE) doit soumettre aux Etats-Membres les nouveaux textes législatifs sur la protection commerciale des semences.

Notre choix d'étude est également motivé par une actualité politico-scientifique autour de la biodiversité très riche : Le **Grenelle de l'Environnement** en 2008 en France, **l'année de la biodiversité en 2010** et en **2012 : Rio +20** qui a mobilisé de nombreux acteurs dans une réflexion sur l'état des lieux de la biodiversité mondiale 20 ans après la diffusion du concept de biodiversité. Dans cette partie nous planterons le décor de l'activité de *AgroBioPérigord* dans le contexte historique scientifique et politique global en traitant successivement (1) l'**histoire emblématique des hybrides de maïs**, (2) **du statut de l'AB** en France et en Europe, (3) **des principes de la sélection participative** et (4) **du contexte législatif** à l'échelle française et européenne

3.2.1. L'histoire emblématique des hybrides de maïs

Le maïs fer de lance de la modernisation variétale et agricole en France et en Europe

La « modernisation » variétale et semencière constitue pour l'historien une fenêtre d'observation privilégiée de la « modernisation » agricole des trente glorieuses notamment pour l'étude du passage de l'autoproduction de semences à la ferme à la logique exclusivement marchande des semenciers (Bonneuil et Hochereau, 2008). A cet égard l'histoire de la création des hybrides de maïs est emblématique de l'intensification et de l'uniformatisation des pratiques agricoles qui ont présidé à la « Révolution verte ». JP Berlan et R. Lewontin, alors respectivement Directeur de recherche à l'INRA et professeur de génétique à l'Université de Harvard dénonceront « *la technique de l'hybridation, devenue le paradigme de la recherche agronomique dans le monde* » (Berlan et Lewontin, 1998).

Le maïs est la plante la plus cultivée au monde et la première céréale produite, devant le blé. Il représente 41% de la production mondiale de céréales (FAO stat). A l'origine, céréale tropicale originaire de la Meso Amérique, il a été acclimaté par sélection aux conditions tempérées. Avant la « *révolution hybride* » les variétés de maïs en France se comptaient par centaines et étaient cantonnées au sud de la Loire. En 30 ans, la production de maïs a doublé et la majeure partie de cette progression est imputable à la sélection de variétés hybrides du fait du haut potentiel de rendement de l'hybride par rapport à la population mais aussi (surtout) indirectement du fait de l'intensification des techniques agricoles qui est historiquement concomitante à leur création. C'est pourquoi utilisation de semences hybrides de maïs et intensification agricole sont inséparables. Pour que la production réelle soit aussi proche que possible du potentiel de production, il faut à l'hybride de maïs des conditions de cultures intensives et standardisées (engrais, désherbage chimique, traitements contre les maladies et les insectes de la semence et durant toute la culture, irrigation). La révolution semencière s'accompagne donc nécessairement d'une révolution des techniques agricoles qui aboutit à l'agriculture industrielle ou "moderne".

Cependant dans l'imaginaire des agriculteurs et de beaucoup d'agronomes on a fini par accorder à la semence sélectionnée tout le bénéfice de la spectaculaire augmentation des rendements obtenue alors que l'intensification du mode de production avait au moins autant d'importance dans le saut de production réalisé. Cette idée **du « pouvoir » d'une bonne combinaison génétique, obtenu par des méthodes High Tec (et protégées) dont l'utilisation donnerait de façon presque miraculeuse un rendement élevé dans toutes les conditions de culture est fausse** mais n'a pas cessée d'être propagée dans les pays industrialisés puis dans le monde entier par l'industrie de la semence avec l'« aide » (probablement involontaire car impensée) de la recherche publique. C'est la même idée de « *prodige technologique* » réalisé par l'Homme qui sous-tend la justification des OGM.

En 1933, les premières semences hybrides de maïs américaines ont été disponibles pour les agriculteurs. Douze ans plus tard, 88 % des superficies de maïs étaient ensemencées avec des hybrides aux États-Unis. Après-guerre, l'Europe sera conquise : le rendement moyen, en maïs, s'en trouvera multiplié par 5,7 en France entre 1950 et 2000 (de 15 à 86 quintaux/ha). Les dispositions légales qui se mettent en place rapidement après l'introduction des hybrides concernant la commercialisation et la protection des variétés supposent un contrôle de l'uniformité qui écarte les *variété-populations* dite « *de pays* » (*Landraces* en anglais) du marché. Celles-ci sont constituées de variétés anciennes de céréales qui sont (ou étaient) au contraire hétérogènes, adaptées à une multiplicité d'environnements ou de micro environnements. Si une plante se multiplie naturellement par fécondation croisée (allogamie) ce qui est le cas du maïs, cette adaptation à des conditions locales s'opère très rapidement en quelques générations grâce à la diversité de génotypes présents dans la population.

Dans la seconde moitié du XXe siècle, le saut technologique des semences hybrides s'est combiné avec la généralisation de la mécanisation et l'utilisation massive des engrais chimiques et des produits phytosanitaires, ingrédients indispensables de la « Révolution verte ». La modernisation agricole a entraîné remembrements fonciers et fortes concentrations d'exploitations. Les campagnes se sont vidées. La « révolution semencière et technologique» a donc entrainé des mutations techniques qui ont bouleversé les campagnes, les habitudes alimentaires et les modes de vie.

La production de semences et de variétés est la figure de proue de « *l'intervention modernisatrice et clé de voûte du modèle productiviste*» (Bonneuil et Hochereau, 2008). Les exigences commerciales et industrielles, ainsi que les législations sur le contrôle des semences conduisent à la mise sur le marché de variétés très homogènes, quel que soit le type de plante. Le standard variétal est devenu la variété homogène (« pure ») et stable. La législation actuelle a entériné la norme variétale des semences : une variété ne peut être inscrite et commercialisée que si elle satisfait le critère DHS qui veut dire Différentiation, Homogénéité, Stabilité. Cet ensemble de critères est central car il permet d'asseoir la propriété intellectuelle de certaines variétés contrôlées, à promouvoir le métier de sélectionneur et de semencier et à standardiser des pratiques agricoles (Bonneuil et Hochereau, 2008).

A l'instar de toute simplification radicale cette standardisation poussée est dangereuse. Si une même variété hybride ou clonale, dotée d'un génotype unique, se répand sur de très grandes surfaces, elle met la culture entière (et non certaines plantes) à la merci d'aléas climatiques et surtout des épidémies. Parmi certains exemples historiques, on peut rappeler la famine de 1844-46, provoquée en Irlande et en Europe occidentale à la suite de l'infection des clones de pomme de terre par le mildiou. On peut aussi rappeler les ravages de la rouille (un champignon parasite courant et à propagation très rapide) dans les variétés hybrides de maïs aux États-Unis et la perte de plus de deux millions de tonnes due à l'infection du blé par le même parasite au Pakistan en 1979.

3.2.2. L'Agriculture Biologique en Europe et en France

Rappel historique

L'agriculture biologique (AB) fait son apparition en France au début des années 50. Les agriculteurs en AB constituent la majorité des membres du *RSP* y compris ceux qui cultivent du maïs que l'on considère pourtant souvent comme une plante impossible à cultiver en AB. Lors de la mise en pratique de l'AB au début des années 60, la France est un pays pionnier. Les conversions en AB s'accompagnent souvent d'un souhait de respecter l'environnement et d'une nouvelle qualité de vie. Le livre de Rachel Carson *Printemps silencieux* en 1962 a un retentissement considérable.

C'est dans les années 70, avec la crise du pétrole, que s'opère une prise de conscience des limites des ressources de la planète et la critique de l'agriculture productiviste pour sa forte consommation d'énergies fossiles polluantes. L'AB devient rapidement le symbole du refus d'intensification agricole. Ce dernier est motivé par : la critique d'une utilisation excessive de pesticides et d'engrais chimiques, les impacts catastrophiques de l'agriculture intensive sur les producteurs et la société, inséparables d'une dépendance croissante des agriculteurs vis-à-vis de l'industrie semencière et agrochimique mais aussi de la grande distribution pour l'écoulement des productions (voir ENCADRE N° 3)

Extrait du Rapport de la FAO sur l'agriculture biologique

L'agriculture biologique offre de nombreux avantages pour l'environnement. Les produits agrochimiques peuvent polluer les eaux souterraines, perturber les processus écologiques essentiels comme la pollinisation, nuire aux micro-organismes bénéfiques et présenter des risques pour la santé des ouvriers agricoles. La monoculture moderne, qui fait appel à des intrants de synthèse, nuit souvent à la biodiversité sur le plan génétique, ainsi qu'au niveau des espèces et des écosystèmes. Les coûts externes de l'agriculture traditionnelle peuvent être considérables.

Par contre, l'agriculture biologique cherche à accroître la biodiversité et à rétablir l'équilibre écologique naturel. Elle encourage à la fois la biodiversité spatiale et temporelle au moyen de cultures intercalaires et de la rotation des cultures, elle conserve les ressources en sols et en eau et renforce les matières organiques et les processus biologiques des sols. Les ravageurs et les maladies sont tenus en échec grâce aux associations de cultures, aux associations symbiotiques et autres méthodes non chimiques. La pollution de l'eau est réduite ou éliminée.

L'agriculture biologique présente aussi des avantages sociaux. Elle emploie des matériaux bon marché, disponibles localement, et exige normalement une main d'œuvre plus nombreuse, augmentant ainsi les possibilités d'emploi. Il s'agit d'un avantage considérable dans les régions, ou les saisons, où il y a un excédent de main d'œuvre. En réhabilitant les pratiques et les aliments traditionnels, l'agriculture biologique peut favoriser la cohésion sociale.

<u>Source</u> : FAO, 2002. Agriculture mondiale: horizon 2015/2030.

En 1972, le 1e cahier des charges français pour une agriculture biologique est présenté par Nature et Progrès. En France, les acteurs de l'agriculture biologique cherchent à se rassembler, en premier lieu au sein de syndicats professionnels. La Fédération Nationale d'Agriculture Biologique des régions de France (FNAB) est créée en 1978 par des agriculteurs. A cette époque, l'AB n'a pas encore réellement acquis de reconnaissance institutionnelle, elle est notamment absente des programmes de recherche agronomique. A partir de 1980, l'AB se « conventionalise ». La loi d'orientation agricole du 4 juillet 1980 reconnaît pour la première fois l'AB mais sans la citer. Le décret du 10 mars 1981 définit le cadre de ses cahiers des charges (CDC). Sur le plan des semences, le CDC de l'AB interdit les engrais et pesticides chimiques de même que l'utilisation d'organismes génétiquement modifiés (OGM).

La FNAB qui ne reçoit aucune aide de l'Etat est finalement reconnue comme interlocuteur des pouvoirs publics en 1992, au même titre que les autres syndicats de l'agriculture. En 1995, la FNAB se donne pour but de faire sortir l'AB de sa marginalité, de la développer et de faire en sorte que les producteurs maîtrisent son développement. Elle s'est dotée en 1982, d'un institut technique dédié à la recherche-expérimentation en agriculture biologique (ITAB) qui rassemble les experts de terrain, de la recherche et les professionnels et qui produit des références et outils techniques. L'ITAB est aujourd'hui un partenaire privilégié du *RSP*. Plus tard, le Rapport FAO en 2007 qui plébiscite l'AB après 2 décennies d'ostracisme (voir ENCADRE N° 3) a été accueilli comme une sorte de « révolution culturelle » à l'échelle de l'agriculture mondiale.

<u>La loi sur la certification de semences utilisables en AB</u>

Cette loi n'est sortie qu'en 2004. Jusque là les agriculteurs en AB utilisaient des semences de leur choix qui pouvait être des semences produites à la ferme. La loi de 2004 fait obligation d'utiliser des semences certifiées biologiques (elles ont été produites selon le même cahier des charges que celui de l'agriculture proprement dite) ; mais la plupart des pays accordent une dérogation dans les cas où les agriculteurs peuvent montrer que ces semences ne sont pas disponibles en AB. En 2003, l'UE a rendu obligatoire la mise en place de bases de données informatisées pour l'enregistrement des semences biologiques disponibles dans le commerce. Ces bases de données servent de référence quand les agriculteurs demandent une dérogation. Or les semences de ferme ne peuvent pas y figurer car elles ne satisfont pas aux critères d'uniformité DHS (voir ENCADRE N° 4).

ENCADRE N°4.

Les limites de la réglementation européenne sur la commercialisation des semences et plants : les critères DHS et VAT

Pour échanger ou commercialiser des semences et plants destinés à une exploitation commerciale, il faut que les variétés soient inscrites au catalogue officiel des espèces et variétés. Pour cette inscription, la variété doit subir une série de tests afin de vérifier son adéquation aux normes de « Distinction, d'Homogénéité et de Stabilité » (test DHS) et évaluer le gain par rapport aux variétés existantes (test VAT : Valeur Agronomique et Technologique) pour les grandes cultures.

Cependant, pour les variétés paysannes et de terroir, l'expression des plantes en fonction du milieu et l'évolution adaptative des populations sur les fermes rendent inadéquat le respect des critères officiels DHS et VAT, mis au point pour des hybrides. Ces variétés sont par définition peu homogènes et peu stables afin de préserver leur capacité d'adaptation et d'évolution. Si elles sont interdites on se prive alors du seul moyen qui permet d'éviter qu'elles disparaissent.

Par ailleurs, le coût d'inscription est de 6 000 € (pour une variété de céréale par exemple) auquel il faut ajouter les frais du maintien au catalogue, environ 2000 € pour les 10 premières années. Ces tarifs élevés rendent difficile l'inscription des variétés issues de sélections paysannes qui sont nombreuses et concernent des volumes limités.

Sources : sites internet FNAB et journal Le Monde du 29 novembre 2011

Evolutions récentes

Selon l'Agence Bio (F), groupement partiellement étatisé en charge du développement, environ 300 agriculteurs se convertissent à l'agriculture biologique en France chaque année. Le nombre de fermes bio est passé de 10 000 à 23 000 en France en 2001 et 2011, environ 1 million d'hectares soit 3, 56% des surfaces agricoles sont cultivées en agriculture biologique..[7]). Dans la plupart des pays, l'agriculture biologique est soutenue par le biais de programmes de développement rural. La majorité des pays de l'UE et des pays associés ont mis en place des paiements uniques par unité de surface agricole pour encourager les conversions en AB. Le succès des « Association pour le Maintien d'une Agriculture Paysanne » (AMAP)[8] en France et en Europe dont le nombre est en constante progression montre que les consommateurs sont de leur côté toujours plus nombreux à plébisciter ce mode de culture à l'échelle européenne.

---

[7] Source : http://www.notre-planete.info/actualites/actu_3397_evolution_agriculture_biologique.php
[8] Les AMAP on été lancées en France en 2001 par Denise et Daniel Vuillon agriculteurs en périphérie de Toulon, suite à un voyage aux Etats-Unis durant lequel ils découvrirent les « Community Supported Agriculture » (CSA).

Dans le même temps, sur le plan législatif, le système des dérogations pour l'achat de semences adaptées à la bio se durcit : en 2007 par exemple, le gouvernement français a supprimé toutes les dérogations pour le maïs. Les règles de mise en œuvre des dérogations devenant plus strictes d'année en année, il est probable que les agriculteurs biologiques de l'Union européenne n'auront bientôt plus la possibilité de choisir leurs semences que parmi le nombre limité de variétés biologiques proposées par les compagnies semencières.

3.2.3. La sélection participative

Le contraste entre la réalité des systèmes agricoles et les concepts d'amélioration des plantes est particulièrement frappant dans les pays en développement. Les agriculteurs pauvres dans des environnements marginaux continuent de souffrir de la faiblesse chronique des rendements, des mauvaises récoltes et parce que les principes juridiques et techniques de la sélection végétale classique ne sont pas remis en question. La responsabilité des échecs est généralement du à la non-adoption de nouveaux cultivars : celle-ci est diversement attribuée à l'ignorance des agriculteurs, à l'inefficacité des services de vulgarisation, et à l'indisponibilité des semences de cultivars améliorés (Cecarreli, 1996),

En raison des succès passés en Europe et aux USA, les agronomes, dans l'atmosphère des trente glorieuse, ont « transféré » des solutions variétales du Nord aux agricultures pauvres des pays du Sud, appelées aujourd'hui « petites agricultures paysannes » mais dont on espérait qu'elles se transforment radicalement à l'image de l'agriculture industrielle du Nord (voir ENCADRE N° 5). Cette idée qu'une simple extension des méthodes allait produire les mêmes effets dans des environnements différents est pourtant scientifiquement irréaliste aux yeux du Groupe Consultatif pour la Recherche Agricole Internationale (CGIAR ; organisation internationale regroupant 15 centres de recherches agronomiques mondiaux) mais aussi pour les institutions de développement comme la Banque Mondiale ou la FAO. Or, les centres du CGIAR sont aussi les grands promoteurs de variétés dites modernes pour le Sud dès les années 70 en même temps qu'ils font la promotion, paradoxalement, de la sélection participative, notamment à l'International Center for Agricultural Research in the Dry Areas (ICARDA) et au Centro Internacional de Mejoramiento de Mais y Trigo (CIMMYT).

En 1996 un groupe de travail sur la sélection participative, le « System wide Program on Participatory Research and Gender Analysis » est créé au CIMMYT, il appuie plusieurs dizaines de projets de recherches en sélection participative.[9] Les travaux de S. Ceccarelli à l'ICARDA, (centre du CGIAR le plus actif en matière de sélection participative ; Ceccarelli *et al.*, 1996 ; 2000) ont été portés à la connaissance du public et poursuivis par le *RSP* grâce à sa participation aux projets de recherche. Il est ici intéressant de noter que la même organisation scientifique internationale tournée vers le Sud, qui a porté la « Révolution hybride du maïs », en l'occurrence le CIMMYT, a aussi été pionnière dans le développement des concepts et outils de la sélection dite participative.

---

[9] www.prgaprogram.org

ENCADRE N°5.

L'AGRA, fer de lance de la « Révolution verte africaine »? (en avant première du film " Les moissons du futur" de Marie-Monique Robin sortie prévue en octobre 2012)

Marie-Monique Robin était à Accra (Ghana) du 1er au 3 février 2012 pour couvrir un événement : la rencontre entre des représentants de l'Association pour une 'Révolution Verte en Afrique' (AGRA), financée par la Fondation Bill & Melinda Gates, et une cinquantaine de paysan(e)s du monde entier, tous défenseurs d'une agriculture familiale et agro-écologique. Une rencontre organisée par Michel Pimbert, un agronome qui travaille pour l'International Institute for Environment and Development (IIED), basé à Londres. Présidée par Olivier de Schutter, rapporteur spécial des Nations Unies pour le Droit à l'Alimentation et Farah Karimi, directrice exécutive d'OXFAM, la réunion visait à orienter « la recherche agricole pour le développement de l'Afrique de l'Ouest ».

« *Mettons en marche une révolution verte africaine* »déclare Kofi Annan le 5 juillet 2006 à Addis-Abeba. Dès septembre 2006, les fondations Rockefeller et Bill & Melinda Gates répondent à l'appel lancé par l'ancien Président des Nations Unis en levant 150 millions de dollars pour la création de l'Association pour une Révolution Verte en Afrique (AGRA). Namanga Ngongi, Président de AGRA, et ses bailleurs de fonds jurent qu'ils veulent offrir à l'Afrique « sa propre révolution verte » en tirant les leçons des « *erreurs du passé* ». Il assure que l'AGRA n'a rien à voir avec l'agrobusiness, mais en 2010, la Fondation Bill & Melinda Gates, qui finance plus de la moitié du budget de l'AGRA (400 millions de dollars), a acheté 500 000 actions de Monsanto, pour un montant de 23,1 millions de dollars.

Que promeut l'AGRA ?

L'usage de semences améliorées et d'engrais chimiques, commercialisés par un réseau d'«agro-dealers » que l'organisation met en place sur tout le continent africain. D'où la crainte des organisations paysannes, mais aussi de nombreux observateurs défenseurs du modèle agro-écologique fondé sur l'agriculture familiale, les semences locales et l'usage rationnel des ressources naturelles.

Source : Benjamin Source / M2R Films

Les principes de la sélection végétale classique

Les principales caractéristiques de la sélection végétale dite classique, c'est-à-dire centralisée en station, peuvent être résumées comme suit (Ceccarelli *et al.*,1996 ; 2000):

- La sélection variétale classique est centralisée et effectuée dans des conditions intensives des stations expérimentales ;
- Les cultures doivent être uniformes (par exemple les espèces autogames doivent être des lignes pures), et doivent être largement adaptées à de vastes ensembles géographiques ;
- les variétés rustiques locales doivent être remplacées parce qu'elles ont des rendements trop faibles ;
- Les semences des variétés améliorées (appelées cultivars) doivent être diffusées selon des systèmes de certification de semences centralisés et stricts rendant souvent ces semences inaccessibles pour les agriculteurs pauvres ;
- Les utilisateurs finaux de nouvelles variétés ne sont pas impliqués dans la sélection et le test, ils ne sont impliqués qu'à la fin afin de vérifier si les choix faits pour eux par d'autres sont appropriées ou non.

Selon Cecarelli (1996), la principale « *erreur du passé* » dénoncée par AGRA est d'avoir fait l'hypothèse implicite et bien peu scientifique que ce qui a bien fonctionné dans des conditions favorables doit aussi être approprié dans des conditions défavorables. Dans les rares cas où l'application de stratégies de sélection classiques à des environnements marginaux a été interrogé, il a été constaté que:

- la sélection dans les stations expérimentales ne produit des variétés supérieures en rendements par rapport aux variétés locales que si elles sont cultivées dans des conditions identiques à celles d'une station d'essais, ce qui n'est jamais le cas dans les « petites agricultures paysannes » du Sud (Ceccarelli, *et al.*, 1994)
- Les agriculteurs pauvres dans des environnements difficiles privilégient la diminution du risque et maintiennent la diversité génétique de leurs différentes cultures, avec différents cultivars au sein d'une même culture, et / ou des cultivars hétérogènes afin de maximiser l'adaptation dans le temps plutôt que l'adaptation dans l'espace ;
- Lorsque la variété appropriée est sélectionnée, l'adoption est beaucoup plus rapide grâce à des méthodes non commerciales de distribution des semences ;
- Lorsque les agriculteurs sont impliqués dans le processus de sélection, leurs critères de sélection peuvent être très différents de ceux des sélectionneurs.

Sur ce dernier point (qui concerne en définitive aussi bien les agricultures du Sud que du Nord, on sait par exemple, qu'en Europe les sélectionneurs utilisent souvent le rendement en grains comme seul critère de sélection, tandis que les agriculteurs sont généralement tout aussi préoccupés par le rendement en fourrage et la sapidité tant du grain que de la paille.

La sélection participative institutionnalisée

Le tournant participatif en amélioration des plantes converge avec le tournant participatif adopté par les politiques de protection de la biodiversité : multiplication de projets de conservation *in situ* à la ferme et reconnaissance juridique des populations paysannes comme actrices de l'innovation et de la conservation des ressources génétiques (Bonneuil Demeulanaere, 2007). Cette reconnaissance s'exprime dans l'article 8j de la Convention sur la Diversité Biologique de 1992, requérant que chaque Etat contractant « *respecte, préserve et maintie[nne]nt les connaissances, innovations et pratiques des communautés autochtones et locales qui incarnent des modes de vie traditionnels présentant un intérêt pour la conservation et l'utilisation durable de la diversité biologique.* »

La sélection participative, autrefois approche militante et minoritaire, a été institutionnalisée et est à l'origine d'un nouveau référentiel pour donner des gages « aux « bailleurs de fonds » soucieux d'une efficacité visible (Bonneuil et Demeulanaere, 2007) de la sélection participative, notamment en vue d'améliorer le sort des plus pauvres. C'est pourquoi le Groupe Consultatif pour la Recherche Agricole Internationale (CGIAR), a créé un groupe de travail sur la sélection participative en 1996, le « *System Wide Program on Participatory Research and Gender Analysis* ».

3.2.4. Aspects légaux de la production et commercialisation des semences

32

L'AB a recours aux semences de variétés dites paysannes, variétés populations reproductibles et évoluant d'un cycle à l'autre et d'un champ à l'autre. Ces variétés présentent, par définition, certaines hétérogénéités et instabilités de leurs caractéristiques variétales qui se trouvent en porte-à-faux avec les standards des réglementations construits pour la grande industrie agricole. Récemment, la Fondation (française) pour le Recherche sur la Biodiversité (FRB), qui a la compétence de gérer la conservation des ressources, a reconnu les réseaux paysans, notamment le *RSP*, parmi les acteurs de la conservation, reconnaissant le droit de leurs membres d'échanger des semences de variétés non inscrites au catalogue national.

Le plan d'action européen sur les semences : « Better regulation »

Depuis 1992, tout brevet déposé sur un élément de biodiversité est soumis à la CDB, et depuis 2005 au TIRPAA[10], pour les ressources inclues dans son système multilatéral d'accès. Les états européens ont approuvé ou ratifié les traités qui mentionnent : une souveraineté nationale sur les RG, un consentement préalable et un partage des avantages en contrepartie du brevet sur le gène. En l'absence de système international contraignant, la majeure partie des états européens, notamment la France, n'a cependant pas transcrit la CDB ni le TIRPAA dans le droit national.

L'UE a donc entamé en 2009 son plan d'action appelé le processus « Better regulation ». La C E a publié deux nouvelles directives sur les variétés dites « de conservation » (de la biodiversité, implicitement). Ces directives **assouplissent à la marge les conditions d'inscription au catalogue** pour des marchés dits « de niche ». Le cadre actuel est construit autour d'une directive pour chaque groupe d'espèces, ce qui laisse à chaque Etat une certaine marge de manœuvre d'interprétation pour prendre en compte les réalités locales. Or, dans « Better Regulation », la Commission européenne propose un règlement d'application directe qui menace cette possibilité. La France, à l'instar de la majorité des états européens, tolère, pour le moment, les échanges «informels » entre agriculteurs qui conservent ou sélectionnent mais le commerce des semences dites « de ferme » (c'est à dire produites à la ferme), est interdit, sauf pour 21 espèces comme le blé, la luzerne, le colza, le pois fourrager, les pommes de terre par exemple, qui sont **autorisées par dérogation** en contrepartie du paiement de royalties aux obtenteurs. Pour remédier aux difficultés de contrôle de ces paiements, la France a mis en place une « *contribution volontaire obligatoire* » (CVO) sur le blé tendre qui est prélevée auprès de chaque agriculteur au moment de la vente de sa récolte (et restituée uniquement à ceux qui ont acheté des semences certifiées). En juillet 2011, le Sénat a adopté une loi transitoire (ou petite loi) qui demande à l'État de définir par décret (c'est-à-dire hors de tout débat parlementaire public) les conditions de paiement de ces royalties pour toutes les semences de ferme de toutes les espèces autres que le blé tendre. Un autre décret devra préciser les conditions de sélection, de production, de multiplication des semences et les conditions d'inscription de ces variétés au catalogue officiel. Il n'est plus précisé, comme dans les décrets actuels, que les agriculteurs ou les jardiniers amateurs qui sélectionnent ou conservent leurs propres semences sont exclus de ces obligations.

---

[10] Traité International sur les Ressources Phytogénétiques pour l'Alimentation et l'Agriculture adopté par la FAO: ftp://ftp.fao.org/docrep/fao/010/i0112f/i0112f11.pdf

La sélection paysanne qui se fait encore aujourd'hui hors de tout cadre réglementaire sera donc désormais règlementée. En théorie, seules les ressources phytogénétiques qualifiées de « patrimoniales », ou dignes d'un intérêt actuel ou potentiel, pour la recherche scientifique, l'innovation ou la sélection, pourront être exclues des dispositions COV. Mais de nombreuses questions restent posées : comment identifier aujourd'hui un intérêt potentiel pour demain ? Qui décidera ? Qui aura accès à toutes ces ressources ? La recherche scientifique, l'innovation et la sélection seront-elles réservées aux laboratoires de recherche et aux entreprises semencières ? Ou bien le travail du paysan ou du jardinier seront-ils reconnus ? Le Parlement français va-t-il voter une nouvelle loi au moment même où l'Europe modifie le cadre réglementaire auquel la France devra se soumettre *in fine* ?

La mouvance du contexte légal européen dans ce domaine est illustrée dans l'affaire judicaire récente opposant Kokopelli-semences, membre de *RSP*, promouvant des variétés-populations anciennes potagères et médicinales (20 salariés) contre la grande entreprise semencière française Graines Baumaux produisant des variétés potagères « classiques ». Après avoir donné raison à Kokopelli en janvier 2012, la cour européenne de justice a finalement condamné en juillet 2012 cette même association obligée de ce fait de dédommager la société Baumaux « *pour concurrence déloyale* ». Ce second jugement prend appui sur le pouvoir du paradigme productiviste et de ses défenseurs (les plus grands industriels), même s'il va contre le maintien de la biodiversité (voir ENCADRE N° 6).

ENCADRE N°6.

La cour de justice de Bruxelles et le paradigme productiviste

Le 19 janvier 2012, l'avocat général de cour de justice de l'Union Européenne donnait entièrement raison à Kokopelli en estimant que l'enregistrement obligatoire de toutes les semences au catalogue officiel était disproportionné et violait les principes de libre exercice de l'activité économique, de non-discrimination et de libre circulation des marchandises.

Mais le 13 juillet 2012, la même cour désavoue Kokopelli et son propre avocat général en justifiant l'amende de 100 000 euros pour concurrence déloyale à la société Graines Baumaux par un objectif, jugé supérieur, d'une "*productivité agricole accrue*". Si la cour européenne mentionne bien les dérogations introduites par les directives européennes de 2009 pour les "variétés de conservation", son analyse ne prend pas en considération le fait que les conditions d'inscription dans les catalogues officiels des variétés sont inadéquates pour les « variétés de conservation » (voir ENCADRE N°4 sur les critères DHS et VAT), ce qui les exclue de fait de la possibilité de dérogation.

3.3. Analyses des entretiens et récits d'acteurs

Les entretiens ont été conduits librement en mars-avril 2012, en compagnie de MF qui commence une thèse d'histoire sur le maïs sous la direction de Christophe Bonneuil, au Centre Koyré (CNRS, Paris). Ces entretiens se sont déroulés avec trois personnes-référentes du *RSP* et une chercheuse de l'INRA qui les accompagne depuis une dizaine d'années. Ces personnes ont été identifiées avec l'aide de l'association *BEDE*, un groupe du *RSP* basé à Montpellier, mais aussi avec la personne de la *FSC* qui a coordonné le premier projet de REPERE 1 et qui collabore à *ReSoRiv* / REPERE 2, (ENCADRE N°2) ainsi qu'avec une anthropologue du MNHN qui suit les activités du *RSP* dans le cadre de sa recherche.

JP Olivier de Sardan (1995) définit la socio-anthropologie comme « *l'étude empirique multi dimensionnelle de groupes sociaux contemporains et de leurs interactions dans une perspective diachronique combinant l'analyse des pratiques et celle des représentations [ ]. La socio-anthropologie fusionne les traditions de la sociologie de terrain et l'anthropologie de terrain (ethnographie) pour tenter une analyse in situ des dynamiques de reproduction/transformation d'ensembles sociaux de natures diverses prenant en compte les comportements d'acteurs, comme les significations qu'ils accordent à leurs comportements.* » Une bonne compréhension des choix et pratiques d'acteurs nécessite d'avoir accès aux représentations émiques[11]. Nous avons donc essayé de rendre compte des points de vue de certains de ces acteurs rencontrés grâce aux entretiens.

Les quatre personnes interviewées ont le statut d'« *informateurs privilégiés* » tels que définis par Olivier de Sardan (1993). Ces informateurs ne sont, bien sûr, pas « représentatifs » des adhérents du *RSP* mais ils en sont la mémoire en même temps que des acteurs-clés, incontournables pour la pertinence et la profondeur de l'information recueillie. Compte tenu que le *RSP* est un réseau de création récente (2003) nous pensons que sa généalogie par les personnes qui ont contribué à sa création est déterminante pour comprendre ce qui l'a motivé et sa raison d'être.

3.3.1. Analyse des données discursives

Dans chacun des 4 entretiens réalisés, l'informateur privilégié a été choisi pour sa compétence et son savoir mais aussi sollicité à propos de son expérience personnelle. Ces deux aspects sont en proportions variables selon l'interlocuteur. Parfois c'est le récit, ou la forme d'une autobiographie « guidée », qui a été privilégiée, cas de PdK et de BL, membres fondateurs du RSP, pour les autres c'est le mode de la "consultation" qui a dominé, cas de JK, coordonnatrice des activités de sélection du groupe maïs AgroBioPérigord et de VC, chercheuse à l'INRA en sélection participative, coordonnatrice du projet *ReSoRiv* et partenaire « historique » du *RSP* dans les projets de recherche/développement.

Après une présentation de ces quatre personnes, nous analyserons les entretiens des personnes à partir d'un "regroupement" de leurs discours autour de six synthèses thématiques. Les citations exactes sont reportées en italique et entre guillemets dans le texte. Les encadrés grisés et numérotés fournissent des informations complémentaires se référant au contexte et recueillies dans la bibliographie.

Présentation des personnes

Entretien 1 : PdK

PdK est coordinateur du *Réseau Semences Paysannes* (RSP) depuis 2010 après y avoir été animateur du groupe blé en tant que producteur de blé lui-même. Il est paysan-meunier car il fabrique sa propre farine et la vend aux boulangers. Issu du monde la recherche, il a travaillé 7 ans au Cirad en Côte d'Ivoire avant de s'installer comme agriculteur dans le Lot et Garonne.

---

[11] Les représentations émiques (« emic») donnent accès aux représentations autochtones, indigènes, locales ; elles sont liées au point de vue des acteurs (Olivier de Sardan ,1998)

Entretien 2 : JK

JK est l'animatrice salariée du groupe départemental maïs *AgroBioPérigord* depuis 4 ans. Ce groupe appartient lui-même à l'association régionale *Bio d'Aquitaine* qui regroupe environ 2000 agriculteurs bio. *Bio d'Aquitaine est* l'une des 60 associations adhérentes au *RSP*. JK est une technicienne diplômée en agriculture et, après ce passage à *AgroBioPérigord,* envisage de s'installer comme agricultrice en 2012 ou 2013.

Entretien 3 : BL

BL est la figure historique de la sélection paysanne du maïs-population en Périgord. Il cultive en bio différents produits qu'il vend directement à la ferme ou à des magasins bio, à des boulangers ou encore à des restaurants. Comme nous le verrons, sa trajectoire personnelle se confond, dans ses 10 dernières années, avec l'histoire du groupe maïs de *AgroBioPérigord*

Entretien 4 : VC

VC est ingénieur de recherche à l'INRA, agronome titulaire d'une Habilitation à Diriger les Recherches (HDR). Elle est rattachée au département « S*ciences pour l'Action et le Développement (SAD)-Paysage* situé à Rennes. Sélectionneur généticienne, elle s'intéresse, aujourd'hui exclusivement, à la sélection participative après avoir été sélectionneur « classique » sur le choux.

3.3.2. Synthèses thématiques

Cette partie présente six synthèses élaborées sur la base des discours des acteurs interviewés :

- trois synthèses concernent des données de contexte : (1) l'histoire du RSP, (2) le "maïs bio" et le groupe Maïs AgroBioPérigord; (3) L'INRA et l'agriculture biologique ;

- les trois autres synthèses structurent les récits d'acteurs selon le prisme **Motifs / Savoirs / Liens** : 4) Les motifs et attentes des acteurs ; (5) Les savoirs créés ou mobilisés et (6) La construction des liens entre RSP et recherche.

(1) Faits marquants de l'histoire du RSP

– La naissance du RSP : déclaration d'Auzeville

Le RSP est né en 2003 par la déclaration d'Auzeville. Tout est parti du travail d'une stagiaire de la Confédération paysanne, Maria Carrascosa. A la veille avec l'approche de l'échéance règlementaire de fin 2003 sur les semences utilisables dans la filière bio (voir 3.2.2. Principales dates de l'Agriculture Biologique en Europe et en France), l'étudiante en agronomie a été chargée de recenser les producteurs, toutes plantes confondues, qui produisaient leurs semences eux même à l'échelle nationale (Carrascosa, 2003).

Devant le nombre de producteurs concernés, son rapport a donné lieu aux premières rencontres sur les semences paysannes tenues à Auzeville près de Toulouse les 27 et 28 février 2003 (Actes des premières journées semences paysannes, 2003). Environ 350 personnes concernées par cette question, parmi lesquelles des représentants de mouvements et syndicats paysans, d'associations de la culture biologique et biodynamique, d'ONG de France et de dix autres pays, ont partagé expériences, savoir-faire, et revendications dans ce domaine. Ce travail a abouti à la « *La déclaration d'Auzeville* » intitulée « *Cultivons la biodiversité dans les fermes* » qui affirme la volonté des paysans de se réapproprier le droit de produire, de reproduire et d'échanger leurs semences (voir ENCADRE N°7).

ENCADRE N°7.

La déclaration d'Auzeville

La déclaration s'articule autour de l'affirmation de la semence comme la première ressource des paysans paysanne. Elle réclame la maîtrise paysanne de la semence et revendique le droit pour le paysan à l'amélioration des variétés, à partir de variétés anciennes. Elle stipule notamment :

- La reconnaissance de droit à l'échange entre paysans et communautés rurales de quantités limitées de semences de variétés non inscrites, dans la limite du respect des droits collectifs existants ;

- l'accès sans restriction des paysans aux ressources conservées dans les collections publiques ;

- La création d'un registre de variétés et populations "de conservation", avec critères d'inscription hors DHS et VAT, choisis avec les agriculteurs et les consommateurs et l'inscription gratuite, librement accessible ou gérée par des droits collectifs.

Source : Confédération Paysanne (http://www.confederationpaysanne.fr/) et http://www.dailymotion.com/video/x5lkk0_declaration-d-auzeville-sur-les-sem_news?fbc=497

Cette déclaration a signé l'acte de naissance du *Réseau Semences Paysannes* (*RSP*) dont l'objectif a été posé d'emblée à l'échelle européenne pour « *affirmer et faire reconnaître l'exercice des droits collectifs sur les semences et dans le cadre d'une agriculture européenne très diversifiée, il est nécessaire de mettre en place plusieurs systèmes, dans, à côté ou hors du cadre légal officiel* » ainsi que l'écrit Guy Kastler, Président de *La Confédération paysanne*.

Les membres fondateurs sont, à l'échelle nationale :

- Le syndicat minoritaire anti-OGM « La Confédération Paysanne »
- Nature & Progrès
- La Fédération Nationale d'Agriculture Biologique des Régions de France (FNAB)
- Le Mouvement de Culture Bio-Dynamique (MCBD)

ainsi que des associations régionales : Bio d'Aquitaine, Groupement de Développement de l'Agriculture Biologique (GDAB) Midi-Pyrénées et le Syndicat des Semences et Plants bios du Languedoc-Roussillon.

- La montée en puissance du RSP

Les adhésions sont en constante augmentation, 38 associations en 2010, 60 environ aujourd'hui. Elles sont de nature très variées qui vont, par exemple, de « *Fac Verte* », une adhésion de soutien aux « *Jardiniers amateurs* ». Pourtant : « *le but n'est pas de devenir énorme*» précise PdK.

Le programme de formation proposé par le RSP est une entrée privilégiée pour les adhésions. La formation est dispensée « *à la demande* » par certains membres du réseau (de pair à pair) dans toutes les régions de France. Des interventions sont ainsi dispensées dans des structures d'enseignements académiques comme l'ENITA de Bordeaux, de plus en plus fréquemment. En outre PdK est intervenu deux fois dans le domaine de l'Association Générale des Producteurs de Maïs (AGPM), la puissante association des producteurs de maïs et de semences hybrides de Pau.

Les appuis politiques sont considérés par PdK comme « *des relais essentiels* » des revendications du RSP. Ils se trouvent principalement à gauche de l'échiquier politique : à l'Assemblée Nationale (André Chassaigne, Jean Pierre Brard parmi les députés de Europe-Ecologie-les Verts (Noel Mamère) et à Bruxelles (Sandrine Bélier, José Bové et Yves Cochet).

– Le financement des activités et les projets du *RSP*

Depuis la création du RSP, le financement structurel de base vient de la Fondation "Pour le Progrès de l'Homme" (FPH : http://www.fph.ch/) mais ce financement est en diminution relative, de l'ordre de 10-5% aujourd'hui, car d'autres financements sont en progression constante, à travers les projets en partenariats qui financent des activités de recherche et de développement. Ces projets sont majoritairement des projets qui associent la recherche et la société. Ils sont financés par les régions, l'Europe, les ministères. Les principaux projets conduits actuellement sont :

- un projet de *Partenariats Institutionnels pour la Recherche et l'Innovation* (PICRI) financé par la Région Ile de France, intitulé « Développement de pratiques paysannes de gestion et sélection des variétés de blé pour du pain bio de qualité en région Ile-de-France" avec l'INRA (coordination INRA et participation de JFB, initiateur du programme de sélection des populations de blé (Dawson *et al.*, 2010) ;
- les Projets du programme *Réseau d'Echanges et de Projets sur le Pilotage de la Recherche et l'Expertise* (REPERE, voir ENCADRE N°2), lancés après le Grenelle de l'Environnement par le Ministère de l'Ecologie et se déroulant en deux phases :
  - REPERE / 1e appel : « Co-construction des savoirs et des décisions dans la recherche: l'exemple de la sélection participative en agri environnement avec *l'Association Echanges et Diffusion d'expérience* (BEDE) /Montpellier et la *Fondation Sciences Citoyennes* (BEDE/FSC/RSP, 2011)
  - REPERE / 2e appel : « Reconnaissance sociale et réglementaire de l'innovation variétale par la sélection participative pour les agricultures biologique et paysanne » (*ReSoRiv*, voir ENCADRE N°2)
- Le Projet européen FP7 « Strategies *for organic and low-Imput Integrated Breeding and Management* (voir ENCADRE N° 9 et SOLIBAM, www.solibam.eu)
- Le projet SOLIBAM et le projet REPERE- ReSoRiv sont tous deux coordonnés par l'INRA, voir l'entretien 4 avec VC ;
- La Fondation de France et la réserve parlementaire de Marie-Christine Blandin participent aussi régulièrement au financement des activités ;
- Un programme européen EuropAid conduit par l'association Italienne ACRA dont BEDE (Montpellier) est partenaire, le programme Léonardo partenariats Columelle : commencé en août

2010 qui permet notamment des voyages d'étude et de la coordination inter européenne (12 en 2010/2011)

- Le projet CASDAR financé à hauteur de 289 000€ par le fond du CASDAR [12](2012-2014), fond du ministère de l'agriculture et du développement rural, intitulé « Prototyper un modèle de gestion dynamique locale de l'agrobiodiversité pour développer l'autonomie alimentaire des élevages en Agriculture Biologique et à faibles intrants » (ProABiodiv). Le projet vise à promouvoir un nouveau mode de gestion des ressources phytogénétiques : une gestion dynamique locale *in situ* permettant de produire et de conserver des populations végétales valorisant les potentialités locales (écologiques, économiques et sociales). Il est porté par l'ITAB et l'INRA/Toulouse (Laurent Hazard) et rassemble des partenaires de terrain impliqués dans de tels dispositifs dont *AgroBioPérigord* et le *RSP* ainsi que des chercheurs de l'INRA de Toulouse et de Montpellier-Mauguio et des organismes de formation implantés dans la région toulousaine et en Périgord

(2) Le "maïs bio" et le groupe Maïs AgroBioPérigord

JK anime le groupe maïs *AgroBioPérigord et* résume son histoire en se référant principalement à son initiateur, Bertrand Lassaigne. Elle expose son travail de sélection participative avec les producteurs d'*AgroBioPérigord* et ses partenaires. C'est l'occasion de faire le point dans ce domaine en termes de savoirs dans un registre technique, mobilisés et créés par le groupe). En 2001, le programme maïs « L'aquitaine cultive la biodiversité » démarre suite à un « déclic » selon l'expression de JK : BL, le leader historique du groupe maïs *AgroBioPérigord* (voir l'entretien 3 avec BL) est agriculteur bio, il découvre que les semences commerciales de maïs qu'il utilise pour « la bio » ont été contaminées par des OGM. Il prend alors la décision de produire sa propre semence. Mais pour cela il lui faut partir à la recherche de « variétés d'avant les hybrides et les OGM et la « révolution verte » (voir 3.2.1.

Fin 2002, l'Europe était sur le point d'adopter une réglementation n'autorisant en AB que les semences commerciales certifiées ou inscrites au catalogue commun des variétés. Or, la réalité sur le terrain, dit JK, c'est que la majorité des agriculteurs *bio* utilisent des semences paysannes de variétés locales et anciennes : ils ressèment leur récolte. Lorsque les graines sont échangées elles deviennent des variétés non identifiées. Ce n'est qu'en 2004 que l'UE impose une réglementation sur les semences certifiées *bio* pour l'AB mais elle laisse en suspend la question des variétés non inscrites dans les catalogues officiels. Néanmoins, cette réglementation officialise l'interdiction des OGM dans les semences utilisables dans la filière *bio*. Des contaminations par des OGM ayant été observées, cette loi encourage donc le combat des agriculteurs du RSP pour la recherche d'autonomie semencière (voir ENCADRE 8).

---

[12] CASDAR : Compte d'Affectation Spéciale pour le Développement Agricole et Rural (ex ADAR), ministère de l'Agriculture, fond alimenté par les producteurs

BL, producteur de maïs bio en Périgord, est la figure historique de la sélection paysanne du maïs-population en Périgord. Selon lui, le programme a commencé 2001 après la catastrophe de la tempête de décembre 1999 pendant laquelle, dans sa seule ferme, on a compté 300 noyers centenaires abattus. Il a fallu se relever de cela en 2000 mais c'est en juillet 1999, en pleine floraison du maïs, que l'on a appris que certains lots de semences vendus par des sociétés semencières notamment *Goldenharvest* et destinés à la culture du maïs *bio* étaient pollués par des OGM. «*On n'a jamais su si c'était vrai mais ce qui est important c'est ma prise de conscience du danger et la dépendance dans laquelle je me trouvais par rapport aux semenciers. En 1999 la loi sur les semences cultivables en AB n'était pas sortie, depuis des années on fonctionnait sans garantie.* »

Quand le programme a commencé en 2000/2001 « *le maïs en bio était considéré comme quasiment infaisable* » ce qui n'est guère étonnant lorsqu'on se réfère à l'histoire des hybrides de maïs (voir 3.2.1) (. Il n'y avait donc que très peu de producteurs qui cultivaient le maïs en *bio* et ceux qui le faisaient étaient surtout des éleveurs. Les premiers hybrides pour *la bio* ne sont arrivés qu'en 2003/2004 parce que d'après BL « *les semenciers savaient que certains cultivaient des maïs-populations en bio* » et ils tenaient à conserver cette part de marché.

La dépendance vis-à-vis des semenciers (qui ne fournissent que des hybrides non réutilisables, voir ENCADRE 2) était, pour BL qui par ailleurs produisait sa propre semence pour ses production autres que le maïs, insupportable. Il s'est alors souvenu de son premier voyage au Guatemala, fait « *dans une vie antérieure* » dit-il. « *Je me suis dit : ça m'étonnerait que les paysans du Guatemala aillent acheter leurs semences de maïs aux Blancs !*» Et il retourne au Guatemala pour essayer de trouver des maïs -populations.

(3) L'INRA et l'agriculture biologique

VC, chercheuse à l'INRA, est sélectionneur généticienne, elle s'intéresse aujourd'hui exclusivement à la sélection participative. Elle a démarré son programme en 2001, et avait été à la réunion d'Auzeville qui a vu naitre le *RSP* (ENCADRE N° 6). Le département SAD-Paysage de l'INRA devait *a priori* pouvoir accueillir l'approche développée par VC et ses partenaires du monde paysan.

La sélection participative est, à l'INRA, un domaine de recherche récent. Il a émergé en 2000 avec la création du Comité Interne pour l'Agriculture Biologique (CIAB, voir ENCADRE N°9). « *La question « cruciale était : produire bio mais avec quelles variétés ?* » résume VC.

ENCADRE N° 9.

Le Comité Interne pour l'Agriculture Biologique de l'INRA

Pour promouvoir les recherches en agriculture biologique à l'INRA, et transférer les résultats au monde interprofessionnel, l'INRA a créé un Comité Interne Agriculture Biologique (CIAB) constitué de représentants de 8 départements de recherche de l'INRA et de 12 personnalités extérieures. Le CIAB s'est donné 3 grands principes :

- décloisonner la recherche sur l'AB, considérée comme un champ de recherche mais pas forcément comme un objet scientifique spécifique. L'INRA profite ainsi de sa richesse disciplinaire ;

- promouvoir les approches interdisciplinaires et systémiques sur des projets précis, en mettant en valeur, lorsque cela est pertinent, les spécificités des recherches en AB, elles mêmes entraînées par les spécificités des cahiers des charges et des principes fondamentaux de l'AB ;

- élaborer les projets en partenariat avec les professionnels à tous les niveaux (projet local, régional, national). Ces partenariats sont conçus autour d'équipes qui partagent le travail quotidien des projets.

Source : http://www.inra.fr/comite_agriculture_biologique/presentation/le_ciab

---

VC prépare de nombreux projets à un rythme très soutenu (en moyenne 1 par mois) : en 2011, 12 projets présentés, 7 acceptés. Son actualité est le projet européen SOLIBAM auquel le *RSP* collabore (voir ENCADRE N°10). L'un des plus gros projets collaboratifs que VC a monté en 2007 a été le « *Farm Seeds Opportunities* » (FSO : http://www.farmseed.net/) financé dans par l'Union Européenne. Ce projet regroupait des partenaires de la recherche européenne, notamment l'Université de Wageningen aux Pays Bas ainsi que des associations Italiennes et espagnoles d'AB et le *RSP*.

VC coordonne également le projet « *ReSoRiv* pour les agricultures biologiques et paysannes financé dans le cadre du programme REPERE 2 (voir ENCADRE N°2) après avoir participé au projet « *Co-construction des savoirs et des décisions dans la recherche : l'exemple de la sélection participative en agri environnement* » en partenariat avec le *RSP*, l'Association *BEDE* (Montpellier) et la *Fondation Sciences Citoyennes* (BEDE/FSC/ RSP, 2011) financé pare de REPERE 1.

(4) Les motifs et attentes des acteurs interviewés

Cette partie interroge le sens des engagements et des actions de ces quatre acteurs et les valeurs que ces engagements portent. Ethique, qualité de vie, recherche de liberté (autonomie) et reconnaissance apparaissent au cœur des motifs et attentes des personnes rencontrées.

Motif 1 : Faire respecter une éthique environnementale

La loi de 2008 sur les OGM (voir ENCADRE N°7) après le Grenelle « *ne convenait pas du tout* » dit PdK. Grâce à un soutien politique à l'Assemblée Nationale, « *un tout petit amendement de 2 lignes* » ajoute-t-il, a pu éviter que l'agriculture bio soit mise en danger (Voir ENCADRE N°10: Amendement « Chassaigne » sur la loi sur OGM du 2 avril 2008).

42

Le *Grenelle de l'Environnement* est une déception pour PdK : « *on ne parle pas d'éthique au Haut Conseil aux Biotechnologies (HCB) mais que d'économie* » (voir ENCADRE N°12) ou encore « *Le Grenelle a été un tas de bonnes intentions mais depuis on cherche à le contourner*»

Motif 2 : faire correspondre son engagement personnel et ses valeurs avec son activité professionnelle

JK précise « *Les agriculteurs qui viennent vers nous sont des bio et des non bio mais certains sont intéressés par la démarche de recherche d'autonomie. [ ] les éleveurs surtout disent que cela rend leur métier plus intéressant.* »

Le parcours personnel de BL se confond en partie avec celui de *AgroBioPérigord* nous avait expliqué JK. L'entretien de BL ne dément pas JK : « *Grâce à cette plante j'ai rencontré les gens différemment, c'est là que j'ai commencé à devenir amoureux du maïs* »

Les projets que prépare de son côté VC ont souvent un partenariat très large mais « *on va vite car on se connait bien ; SOLIBAM) a été monté en 2 mois !* ». SOLIBAM a été lancé en 2011 mais elle réfléchit déjà, en relation avec la « Scientific Officer » responsable de SOLIBAM à Bruxelles, au projet suivant. « *Les projets c'est un outil de travail. Ça me prend énormément de temps mais c'est le prix de ma liberté* ». L'engagement scientifique ici est donc une garantie de "liberté" de penser et une forme à peine détournée de militantisme.

Motif 3 : la recherche d'autonomie

Afin de garder le maximum d'autonomie, BL s'est toujours orienté vers la vente directe et les circuits courts (magasins bio, particuliers etc.). Une partie des céréales est vendue aux éleveurs bio locaux, ce qui permet de développer un réseau d'échange direct entre céréaliers et éleveurs, assurant ainsi une qualité et une traçabilité de ses produits. Les farines, les noix et l'huile de noix sont commercialisées dans les magasins de produits bio, aux particuliers et aux boulangers. D'après nos observations, presque tous les producteurs du Groupe sont inscrits dans cette démarche de vente directe et dans la recherche d'autonomie semencière mais aussi économique.

Motif 4 : désir et recherche de reconnaissance

Les confusions autour de la participation au séminaire d'Angers organisé par *Sciences Citoyennes* en 2011, ont bien montré que « *le RSP n'était pas d'emblée reconnu comme un acteur important* » estime BL. Mais il pense que l'on doit mettre l'accent sur ce qui est commun au groupe pour conquérir la reconnaissance. Aujourd'hui BL est sollicité en Italie ou ailleurs pour intervenir sur son expérience. De la même manière les échanges avec les groupes du Brésil, d'Afrique ou d'ailleurs servent certes à consolider les liens mais aussi à améliorer la reconnaissance du groupe au sein du *RSP* et surtout au sein du système agricole français. « *Nul n'est prophète en son pays* » résume-t-il.

Des projets montés avec certain (e)s chercheurs de l'INRA notamment, sont aussi une manifestation de cette volonté de reconnaissance. « *Si on utilise les arguments institutionnels (de la sauvegarde de la biodiversité), on obtient facilement des projets de recherche en tant que partenaires mais cela ne suffit pas à nous faire reconnaitre en tant qu'acteurs de la recherche.* »

Motif 5 : du concret, de l'action et des effets immédiats

La sélection des populations de maïs « *c'est comme dans l'élevage : on voit le résultat.* » dit BL.

Ce qui est recherché par VC sur REPERE (2e appel) c'est principalement d'assurer une valorisation des résultats antérieurs en faisant avancer *concrètement* le dossier règlementaire qui bloque la reconnaissance des semences paysannes. Ce programme étant lancé par les ministères c'est aussi l'opportunité de faire remonter au niveau de la Direction de l'INRA un message : « *il faut investir dans de nouvelles formes de recherche à l'INRA* ». [ ] « *Je ne fais pas de la recherche SAD telle qu'ils l'entendent. [ ] Ils attendent de nous que l'on décrive en détail ce que l'on fait avant qu'on le fasse. On n'a pas le temps, on est dans l'action.* ».[ ] « *Tous nos projets sont basés sur une démarche construite mais c'est l'objectif qui compte : produire des variétés*»

(5) Les savoirs créés ou mobilisés; du maïs hybride aux Maisons de semences paysannes

JK explique pourquoi le recours aux variétés anciennes était indispensable quand le programme régional « *l'Aquitaine cultive la biodiversité* » a démarré en 2001. Sous forme de populations, on peut encore les produire et les sélectionner à la ferme au contraire des hybrides. C'est ainsi que le programme commence avec l'idée de sélectionner des hybrides en collaboration avec un sélectionneur indépendant, Guy Thiébaut. Ces hybrides seraient des « *hybrides de populations* » au lieu d'hybrides de lignées pures que l'on trouve sur le marché car l'idée de recourir à des populations de pays telles qu'elles sont encore conservées à l'INRA ne vient pas tout de suite. Le principe de la sélection d'hybride repose sur la sélection de «lignées» issues d'une série d'autofécondations forcées (ensachage de l'épi femelle après fécondation par le pollen de la même plante afin d'éviter que du pollen d'une autre plante ne vienne le féconder) puis de croisements entre individus de ces lignées. La différence entre la création d'hybrides de population et la méthode d'obtention d'hybrides dits « conventionnels » c'est que cette série d'autofécondations se fait sur 2 à 4 générations au lieu de 7 ou 8 dans le cas de la création d'une « lignée pure » parfaitement homozygote. Ce choix technique permet par ailleurs de conserver une certaine variabilité génétique tout en exploitant la vigueur hybride[13].

Dans l'histoire récente du maïs, le passage de l'autoproduction des semences à la ferme au recours au marché des semences s'est matérialisé par la sélection de maïs hybrides qui ont remplacé les variétés anciennes qui existaient sous forme de populations au point d'en effacer jusqu'au souvenir dans la mémoire paysanne. Il faut donc nécessairement réapprendre aujourd'hui...

La recherche conduite sous l'impulsion de BL et de différents animateur (trice)s salarié(e)s du groupe, est centrée sur la mise au point de nouvelles méthodes de sélection destinée à améliorer l'efficacité de la sélection massale. En 2002, des acteurs du programme et du *RSP* réalisent un voyage d'étude au Brésil pour rencontrer des groupes d'agriculteurs travaillant depuis de nombreuses années sur le maïs population[s : « *Le voyage au Brésil a permis de découvrir que l'on peut sélectionner le maïs de population à la ferme*» (les termes *maïs-population et maïs de population*s » ont la même signification). Dans ce pays, la sélection est essentiellement massale. La technique de sélection massale n'est pas très différente de la sélection que les paysans ont toujours pratiquée en choisissant dans leurs champs les meilleurs épis comme semences pour l'année suivante.

Des relations étroites sont nouées avec certains acteurs clé du programme brésilien notamment *Altaïr Machado*, chercheur à l'EMBRAPA (l'organisme de recherche agronomique brésilien) et *Adriano Canci*, technicien ayant travaillé à *Anchieta* dans l'Etat de Santa Catarina. La technique de sélection

---

[13] Ce type d'hybride appelé « hybrides complexes » a été expérimenté par le CIMMYT (Centro International de Mejoramiento de Maiz y Trigo) et le CIRAD dans les années 90 puis abandonné au profit d'hybrides « conventionnels » et d'OGM. Il est intéressant de noter que cette étape de l'histoire de la sélection de maïs population pour le milieu tropical n'est connue que par les chercheurs de cette époque spécialistes de la sélection de maïs population et, naturellement, ignorée par les acteurs du groupe AgroBioPérigord. L'utilisation de ce terme « conventionnels » en parlant des hybrides de maïs est, à cet égard, significative.

utilisée par le groupement maïs du Périgord est améliorée grâce à cette collaboration paysanne qui se poursuit par des projets de sélection participative de populations de maïs au Brésil. Elle devient un des axes principaux d'expérimentation du programme d'*AgroBio Périgord*. Elle porte aussi ses fruits et de plus en plus d'agriculteurs accueillent des essais de maïs population en sélection massale à la ferme selon le « *protocole brésilien* ».

Ce protocole est une sélection massale améliorée par un meilleur contrôle de l'hétérogénéité. La sélection des épis conservés en mélange pour le semis suivant est réalisée dans différentes « strates » qui correspondent à un quadrillage du terrain ; et ce, de façon à équilibrer le nombre d'épis retenus en fonction des ces strates d'où l'autre nom du procédé : *sélection massale stratifiée*. Cette méthode est facilement applicable à la ferme et mobilise davantage les agriculteurs que la production d'hybrides de population qui est finalement abandonnée.

Mais JK s'inquiète de la lenteur des progrès réalisés avec cette méthode en matière de rendement. Ainsi l'exploration de nouvelles pistes de recherche est toujours présente. Une plateforme expérimentale destinée à recevoir des essais et des multiplications est rapidement mise en œuvre dans l'exploitation de BL. Elle est constituée par un champ expérimental, un laboratoire pour les pesées et les comptages, et un local équipé pour la conservation et l'exposition des semences en épis. Les multiplications de semences qui nécessitent un isolement d'autres cultures de maïs afin d'éviter les pollutions sont délocalisées chez d'autres agriculteurs du réseau.

De la collaboration avec les brésiliens vient aussi le concept de « Maisons des Semences Paysannes » construit par *AgroBioPérigord* en référence aux « *Casas Comunitárias de Sementes* » (maisons communautaires des semences) qui apparurent dans la zone aride du Nordeste dans les années 70 sous l'impulsion de l'église catholique. On peut le définir comme une forme d'organisation collective de gestion de la biodiversité cultivée. Les échanges de semences et de savoir-faire qui s'y opèrent permettent de répondre aux besoins de chacun et favorisent le développement des semences paysannes au sein d'un cadre réglementaire. Au Brésil, le développement *des maisons communautaires des semences* visait à s'affranchir de la tutelle du « Patron » ou des « Potentat politiques". En Aquitaine, il s'agit de se défendre en se mobilisant collectivement contre une menace d'uniformisation imposée par un cadre règlementaire qui tend à interdire les semences paysannes. Les «*Maisons des Semences Paysannes*» sont à l'ordre du jour des prochaines *rencontres internationales* que le *RSP* et *AgroBioPérigord* organise en Périgord du 27 au 29 septembre 2012.

Dans ces dynamiques collectives et individuelles une variété ramenée de la plaine du Guatemala a été observée lors d'une très forte sécheresse, chez BL notamment. Cette variété était dans la partie la plus « maigre » des terres de l'exploitation, le rendement a été très faible. Mais déjà l'année d'après ce maïs se comportait mieux par rapport à l'hybride témoin. « *On avait déjà remarqué que ce maïs faisait de la végétation en terre riche et plus de grains que les autres en sols pauvres* » dit-il. Il a aussi un autre intérêt particulier : comme il est plus haut que les hybrides, certes il casse plus facilement mais si le vent est fort l'hybride casse également alors que le maïs du Guatemala reprend « *il fait des gourmands alors que l'hybride est mort* ».

D'autres observations ont été faites notamment sur le maïs-population « *Abelardo* » qui vient d'Alicante en Espagne. Ce maïs fait autant de rendement que l'hybride en année très favorable.

Tombé une année sur une veine très maigre de la parcelle elle-même la plus maigre de l'exploitation, « *Abelardo* » a fait un rendement qualifié de « *déplorable* ». Mais remis dans la même parcelle l'année suivante, son rendement s'est amélioré. Pour BL ce maïs possède donc une capacité d'adaptation aux conditions environnementales exceptionnelle. Il pense, comme certains chercheurs, que certains de ses gènes sont tour à tour « réveillés » (les généticiens diraient « activés ») ou « endormis » en fonction des conditions.

Cette capacité est supérieure chez les allogames (comme le maïs) que chez les autogames (comme le blé ou le soja) mais, selon BL, l'adaptation existe aussi chez le soja. Il en a fait l'expérience (produire ses semences de soja bio en sec). Cette approche de l'adaptation variétale s'enrichit de ses observations socio-environnementales. La ferme d'une famille indienne, dit-il, « *ne ressemble pas du tout à une exploitation du Périgord* », c'est une multitude de minuscules parcelles de populations de maïs différentes qui ont toutes une utilisation bien particulière. Les indiens les séparent depuis des millénaires, « *je pense qu'ils ne croisent pas* » [14] ajoute BL car ces parcelles sont maintenues à la fois séparément et très proches les unes des autres. Le fait intéressant est que les indiens ne craignent pas que ces populations perdent leurs caractères spécifiques et recherchés en s'hybridant les unes avec les autres. Lorsqu'on leur demande comment ils sélectionnent (cela a été fait lors d'une visite des cultivateurs du Guatemala en Périgord), ils répondent qu'ils ne sélectionnent pas. Cependant, confrontées à une démonstration des pratiques de BL au champ, les femmes indiennes ont réagi : elles n'auraient pas choisi les mêmes épis !

(6) La construction des liens entre le RSP et la recherche

Les relations tissées entre les membres du RSP et avec l'extérieur peuvent être de différents ordres mais toujours « personnalisés » car la relation directe est un principe que l'on privilégie. Dans cette étude, je me suis intéressée aux relations avec la recherche pour deux raisons. La première c'est que je suis issue de ce monde. La deuxième c'est que la volonté de collaborer avec la recherche est très présente et un sujet de préoccupation central au RSP.

La collaboration avec « *la Recherche* » devrait avoir lieu « *dès la programmation* ». Cette volonté se traduit par de nombreux projets préparés en commun (voir plus haut le financement des activités du RSP) mais elle repose aussi « *sur l'engagement militant* » de quelques chercheurs, regrette PdK.

L'idée d'un contentieux avec la recherche est très présent : « *on vassalise la recherche publique, on remet les clés au secteur privé* » dit PdK. Il illustre son propos par ce qu'il nomme le « *scandale du détournement des finances publiques* » : « *Par exemple un financement du ministère de l'écologie sur une étude de cas concernant la coexistence entre le maïs transgénique et l'apiculture a été refusé par un directeur scientifique de l'IRD* » car des personnes anti-OGM notoires (dont PdK) étaient présentes dans le consortium du projet. « *Je pense qu'il y a* (dans la recherche) *des scientistes de base c'est-à-dire « rien en dehors de la science », ils nous considèrent comme des obscurantistes.* »

---

[14] Le maïs est une espèce allogame c'est-à-dire que la fécondation croisée entre fleurs mâles et fleurs femelles (portées dans ce cas par la même plante), est le mode naturel d'hybridation. Il s'ensuit que des populations ou des hybrides de maïs implantés côte à côte se croisent facilement entre eux c'est pourquoi on multiplie les semences de maïs en parcelles isolées les unes des autres

Le souci de la maitrise technique de la sélection se manifeste malgré ces méfiances par une recherche régulière d'appui de sélectionneurs. Or « *tous les chercheurs sont sur les OGM. Les populations, ce n'est pas à la mode. On ne savait même pas que la sélection de populations ça existait en France* » dit JK. En fait ces chercheurs compétents sont peu nombreux, JK en dénombre 3 ou 4 en France et à l'INRA. Pour le maïs toutefois, la recherche de collaboration avec l'INRA tourne court : les variétés-populations de la collection maïs de l'INRA/ Montpellier-Mauguio (34) sont co gérées par contrat avec le groupe PROMAIS « *qui défend les intérêts des privés* ».

Un autre problème est lié au fait que ces semences conservées en collection *ex situ* sont disponibles en trop petite quantité : « *25 graines pour une population de maïs on ne peut rien en faire...* », dit JK. Cela s'est passé différemment avec le réseau blé du RSP grâce à l'appui « *dès le départ* » du département Génétique et Amélioration des Plantes (GAP) de l'INRA-Les raisons de cette différence semblent liées à l'histoire institutionnelle : la sélection de populations de blé a été active à l'INRA plus longtemps que celle du maïs[15].

A propos des relations du programme « *L'Aquitaine cultive la biodiversité* » conduit depuis 12 ans par *AgroBioPérigord*, BL dit : «*On n'a pas réussi à attirer des chercheurs. Je pense que les enjeux du maïs sont trop importants pour que les chercheurs prennent le risque de travailler avec nous...* » [ ] *Il nous faut l'appui de la recherche c'est une garantie de sérieux* ». Mais les chercheurs ne sont pas libres « *la recherche cherche surtout de l'argent* ». Il semble cependant que les choses évoluent comme en témoigne la participation de la responsable du laboratoire semences de l'INRA / Montpellier au projet du CASDAR.

Les chercheurs du privé ne peuvent pas approuver le discours du *RSP* ni même l'entendre précise BL : « *La remise en question était trop radicale* » a reconnu son ami JR, ingénieur de recherche chez Arvalis[16] récemment en retraite. « *Depuis 20 ans la recherche est financée par le Privé. L'INRA a un budget pour payer ses chercheurs mais pas pour payer ses recherches.[ ]* « *Aucun chercheur n'intervient chez nous mais avec VC on a eu beaucoup d'échanges très importants pour nous.* » [ ]« *Pour avoir des financements européens il nous faut une amorce par un financement de la région Aquitaine*». Les financeurs sont sensibles à la « *caution de la recherche* ». Un Comité a été constitué auquel « *on a donné un nom alambiqué pour donner le change. Chaque année le comité visitait notre plateforme et faisait un compte rendu*» précise BL.

Un point particulier de la collaboration avec la recherche et les autres acteurs est développé, il concerne ce que BL appelle, en référence avec ce qui se fait au Brésil en recherche participative, les **facilitateurs.** A partir des retours d'expériences en matière de sélection participative du séminaire d'Angers (2001) et avec son recul de 12 ans, BL a tiré des enseignements et souhaite mettre l'accent sur un aspect précis : le problème lié à « *la communication* » à l'intérieur des groupes, entre les groupes dans le réseau et avec les différents partenaires. « *A chaque fois qu'un projet est en*

---

[15] Le blé, originaire du proche Orient, est ancré dans la tradition alimentaire française ce qui explique peut être que l'amélioration génétique « classique » (par sélection récurrente) des populations de blé à l'INRA n'ait pas été abandonnée aussi rapidement que celle due maïs. Cependant elle n'a pas échappé à non plus à la « molécularisation de l'amélioration variétale » Bonneuil et Thomas, 2009) à l'INRA.
[16] ARVALIS-Institut du végétal est un institut de statut privé, acteur majeur de l'Interprofession agricole en France.

difficulté, il y a eu un problème de communication. Ce problème est commun à tous les groupes qui n'ont pas de facilitateur chargé de faire ce lien...». Les succès obtenus par le groupe *AgroBioPérigord*, sont à son avis, liés à la présence et au **rôle-clé de ce facilitateur** (aujourd'hui tenu par JK) dès le départ. *«Il faut avoir un bon état d'esprit, un bon contact et une compétence technique de terrain pour être facilitateur [ ]. Le facilitateur doit avoir la confiance des gens».*Il évoque le cas de la petite ville *d'Anchieta* (Etat de *Santa Catarina*, Brésil), haut lieu de la sélection participative du maïs. Le principal initiateur-technicien-animateur de l'expérience *d'Anchieta*, est un sélectionneur maïs, celui qui a transféré « *le protocole brésilien* » de sélection massale stratifiée à *AgroBioPérigord*

3.4. Synthèse des informations recueillies lors des observations participantes

Deux évènements co organisés ou co-animés par des membres du RSP ont fait l'objet d'un suivi :

- 1) Un forum organisé par *Forum Mondial Science et Démocratie* (FMSD) sur le thème « Un forum pour repenser les rapports recherche / société», Paris, 24 mars 2012 ;

- 2) La fête de la biodiversité organisée par *AgroBioPérigord* au village de Moncrabeau (47), le16 mai 2012.

3.4.1. Participation au Forum du Forum Mondial Sciences et démocratie (FMSD)

Le Secrétariat international du *FMSD*, partenaire du *RSP*, a mis en œuvre un dialogue entre la communauté universitaire d'une part et société civile (ONGs, syndicats...) et de mener cette initiative dans plusieurs régions du monde. Les 4 et 5 février 2011 s'était tenu à Dakar le second *Forum Mondial Sciences et Démocratie* qui a réuni plus de 130 universités, ONGs, institutions scientifiques et gouvernements des 5 continents. L'objectif du forum du 24 mars 2012 (Initiative France) était de **mettre en débat et de faire valoir des propositions en matière de politique de recherche, de diffusion des savoirs, de réforme de l'enseignement, de liens entre sciences, technologies, recherche et citoyenneté** (voir ENCADRE N° 13). Les informations ont été recueillies lors de l'atelier sur **la nécessaire démocratisation des savoirs : des concepts aux réalisations.** La question majeure concernait **« Ce qu'il faut entendre par « savoirs non scientifiques » et comment les caractériser par rapport aux savoirs scientifiques.**

La diversité des appellations concernant les savoirs non scientifiques (profanes, pratiques, professionnels, populaires, traditionnels, autochtones ...) montre que les « savoirs non scientifiques » sont multiples. Mais il en va de même du côté scientifique, avec la division du travail entre disciplines et spécialités au sein de celles-ci. Cette diversité contraint à préciser les termes et les conditions du rapprochement ou de la confrontation de ces deux formes de savoirs, produisant l'une et l'autre des connaissances de nature différente, chaque fois que l'on veut le faire. Il y a une recherche « ascendante » (c'est-à-dire procédant de l'action) qui commence à peine mais celle-ci doit être développée.

Les raisons qui justifient une nouvelle façon de prendre conjointement en considération les différents types de savoirs :

- la nature des questions, en particulier les questions environnementales et sociétales, et le besoin de les traiter d'une autre manière que ce qu'impose l'économie ultra libérale sous le vocable d'économie de la connaissance.
- la volonté de collectivités territoriales, de grands instituts de recherche comme l'INRA, ou d'associations
- une forme de « dictature » de la techno-science et un mal être des chercheurs face à l'hyper-spécialisation qui conduit a un éclatement du processus d'accumulation des connaissances, produit des incohérences voire des contradictions radicales.

Les questions que soulève une mise en pratique des mises en commun de connaissances de natures différentes pour les chercheurs pour les autres acteurs porteurs de savoirs

Les expériences présentées, peuvent être regroupées en deux catégories :

- celles qui sont nécessaires pour traiter des questions en vue d'une application. Il a été souligné que les pays du sud sont en avance sur ceux du nord dans ce domaine.
- celles qui résultent d'une prise de conscience de la nature globale et complexe des processus dont la science doit traiter : recherches contextualisées et interdisciplinaires.

Des propositions pour promouvoir un statut de recherche à part entière des recherches participatives

Toutes ces propositions se placent dans le contexte d'une **pluralité des démarches**. Il ne s'agirait pas de remplacer l'unidirectionnalité actuelle par une autre mais au contraire d'élargir le domaine de la recherche et de ses applications.

Du pot de vue des non-chercheurs, une condition préalable est la reconnaissance réciproque de la légitimité de chacune des formes de savoirs dans leurs différences. Il faudrait définir les conditions qui rendent une telle recherche vraiment participatives :co-construction des questions, des protocoles, des travaux de recherche, des critères d'évaluation etc.

Du côté des chercheurs, il est recommandé de faire bouger les institutions, la gestion des carrières, les financements et les règles d'évaluation. Enfin il faut travailler de façon réflexive aux conditions de l'interdisciplinarité (au sens large). Fabriquer les critères de cette évaluation est un chantier scientifique qui relève de la responsabilité des chercheurs. Une critériologie de l'évaluation interdisciplinaire ne peut être le produit que d'une communauté de chercheurs qui, l'ayant construite, se la donne pour charte.

3.4.2. Participation à la fête de la biodiversité en Lot et Garonne

Cette manifestation était principalement organisée par La fédération *Bio d'Aquitaine*, le groupe *AgroBioPérigord*, les associations CETAB, AGROBIO47 et Les Saisons Musicales. C'était la 7ème édition de la Fête de la Biodiversité cultivée qui a eu lieu le samedi 16 juin à Moncrabeau sur la ferme de Cauberotte sur le thème « Cultivons les goûts et les couleurs» pour promouvoir la sauvegarde de la biodiversité agricole. Ces évènements festifs réguliers constituent une voie privilégiée de communication et de développement du *RSP*. Ils allient des repas, conférences, ventes, découvertes de produits et de savoir-faire de toutes natures avec les produits de l'AB et les productions locales.

Cela a été l'occasion de découvrir la diversité des variétés de blés et la plateforme de sélection des blés anciens. Celle-ci a été présentée par un agriculteur-boulanger très actif dans la constitution du RSP et de la sélection dans les populations de blé anciens et de Pays, JFB. Depuis la naissance du *RSP* son travail de sélection est accompagné par une des rares généticiennes des populations de blé appartenant au Département de Génétique et Amélioration des Plantes (GAP) de l'INRA, (Dawson *et al.*, 2010) ainsi que par VC dont l'entretien figure dans le chapitre 3.3. (Chable et Berthellot, 2006). JFB conduit la visite de la plateforme des blés anciens et explique les principes de sa sélection de populations. Il explique sa passion du pain et comment depuis 1990, date d'apparition des premiers paysans meuniers, ils sont passés aujourd'hui à plusieurs centaines en France qui recherchent, comme lui, un produit transformé localement et une autonomie au niveau des semences.

Dans une **optique de croisement des savoirs**, sa théorie sur les causes des allergies ou intolérances au gluten, maladie sérieuse et de plus en plus courante, mérite d'être exposée. Elle est fondée sur ses échanges avec des chercheurs, ses lectures et son expérience personnelle. Le gluten est une alpha gliadine (fraction de protéine) présente dans le blé et qui est mobilisée lors du murissement de la graine au champ. Lors de la transformation de la farine en pain, le gluten permet aux ingrédients du pain de bien se lier ensemble en donnant une texture moelleuse aux produits de boulangerie. Toute la sélection du blé de ces 30 dernières années, explique-t-il, est fondée sur la « valeur boulangère » des farines c'est-à-dire sur les propriétés de viscoélasticité et de gonflement de la pate à pain. Plusieurs médecins ont adressé à JFB des clients car l'intolérance des personnes allergiques ne semblait pas apparaitre chez ceux qui consomment son pain réalisé avec ses farines de blés anciens. Il est ainsi conduit à poser comme hypothèse que les variétés-populations anciennes qui ne mobilisaient pas ou peu cette gliadine lors du murissement n'ont pas été retenues par les sélectionneurs et qu'un recours à d'autres types de blés résoudrait le problème des personnes allergiques ou intolérantes. Il souhaiterait que son observation soit validée scientifiquement mais cela ne semble pas à l'ordre du jour à l'INRA.

3.5. Actualité politico-scientifique : Rio + 20

Dans ce chapitre nous examinerons la déclaration largement diffusée après la conférence « *Planet Under Pressure*» (Londres, mars 2012) préparatoire a Rio+20 et relayant le point de vue de la recherche scientifique internationale de haut niveau. Nous analyserons ensuite la déclaration de la conférence Rio + 20 en ciblant nos commentaires sur la biodiversité, l'agriculture et l'implication de la société civile dans les questions de politique de développement durable. Les documents de base analysés sont notamment la Déclaration sur l'état de la planète « *State of the planet. New Knowledge Towards Solutions* » de la conférence « *Planet Under Pressure* » et la déclaration de Rio+20 « *The Future We Want* ».

3.5.1. Conférence préparatoire « Planet Under Pressure »

La conférence était organisée par le « *Global Change Research Programme* » de « International Council for Science (http://www.icsu.org/) »[17]. Elle a eu lieu à Londres, du 2 au 29 mars 2012 dans la perspective de la préparation de Rio + 20. Une déclaration solennelle sur l'état de la planète intitulée « State of the planet. *New Knowledge Towards Solutions* » a été élaborée et largement diffusée (« *Planet Under Pressure* » Declaration, 2012).

Dans les chapitres « nouvelles solutions » et « nouvelles opportunités » de la déclaration on retient que la communauté de recherche internationale propose « *un nouveau contrat entre la science et la société* ». La déclaration mentionne que *la recherche joue un rôle important dans le suivi du changement, la détermination des seuils, le développement de nouvelles technologies et processus afin de proposer des solutions* ».   Elle souligne que la rapidité des progrès scientifiques et technologiques peut fournir des solutions potentielles pour réduire le risque de conséquences

---

[17] Les programmes Global Environmental Change de l'International Council for Science ont convoqué la conférence « Planet Under Pressure » afin d'évaluer l'état de la planète et d'explorer des solutions aux crises mondiales imminentes. La conférence a réuni près de 3000 experts de premier plan et des décideurs t au moins 3000 personnes à travers le monde ont participé à la conférence en ligne.

néfastes pour les sociétés. Mais ajoute que « *l'innovation technologique seule ne suffira pas car il faut aussi perpétuer nos valeurs, croyances et aspirations dans une prospérité durable* ».

La déclaration plaide pour de nouveaux mécanismes pour **faciliter un dialogue interactif sur la durabilité globale entre les différentes parties-prenantes et l'élaboration des politiques à différentes échelles.** Ces interactions doivent être conçues de manière à avoir une pertinence sociale et susciter la confiance pour la mise en œuvre d'interfaces science-politique construites collectivement.

La conférence soutient la création d'un **conseil du développement durable** au sein du système des Nations Unies afin d'intégrer les politiques sociales, économiques et environnementales à l'échelle mondiale. Elle réclame un renforcement important de la gouvernance mondiale en y incluant la société civile, des entreprises et l'industrie dans le processus décisionnel à tous les niveaux.

Pour mettre en œuvre ces nouvelles solutions, le panel de scientifiques recommande :

– une **réorientation fondamentale de la restructuration des institutions nationales** et internationales. Les gouvernements doivent prendre des mesures pour soutenir les institutions et les mécanismes qui permettront d'améliorer la cohérence des politiques environnementales et leur intégration économique et sociale

– la **reconnaissance des valeurs monétaires et non monétaires de biens communs publics** tels que les services écosystémiques liés à la biodiversité, l'éducation, la santé et autres ressources mondiales communes au moyen de des mesures correctives de régulation du marché permettant de minimiser les impacts sur les biens communs.

3.5.2. Rio+20 et la declaration « *The Future We Want* »

Alors que l'Evaluation des Ecosystèmes pour le Millénaire (MEA, 2005) les taux actuels d'extinctions d'espèces seraient jusqu'à 1000 fois plus élevés que les niveaux jugés naturels, le Sommet de la Terre Rio+20 (20 -22 juin 2012), conférence internationale à portée planétaire sur le développement durable (DD) devait faire bilan des progrès accomplis depuis 1992 et poser les grandes lignes des orientations à venir en matière d'environnement et de biodiversité.

Principales avancées depuis Rio 1992

Les progrès concernent la mise en œuvre d'une politique normative de « sanctuarisation » des espèces sauvages menacées par l'action humaine principalement pilotées par de puissantes ONG internationales (UICN, WWF etc.) qui ne prennent que rarement en compte les besoins agricoles et alimentaires des communautés vivant dans les espaces concernés.

Sur le plan économique, la notion d' «*Empreinte écologique* » a été développée, elle permet d'agréger en un seul indicateur la pression humaine sur les ressources naturelles. Cet indicateur ramène nos différentes consommations en nombre d'hectares nécessaires à la reconstitution du capital naturel de la planète (ensemble des surfaces cultivées et des forêts), appelée «biocapacité». Les dimensions morales et politiques de la conservation de la biocapacité interdisent tout calcul monétaire et dès lors, toute possibilité de remboursement des dommages du Changement Climatique et encore moins de la perte de biodiversité (Canfin, 2009).

Pour la conservation de la diversité génétique des plantes cultivées, on a crée des banques de semences *ex situ* mais les progrès sont très insuffisants au niveau de la conservation *in situ*. Or la meilleure garantie de conservation est celle qui donne lieu à des utilisations, dans des programmes de sélection par exemple, mais aussi dans des programmes de réhabilitations de sols, stabilisation de berges, agro foresterie etc. (Secretariat CDB, 2010).

En termes institutionnel, la dixième conférence des parties (COP) à la CDB, a établi un protocole, dit *Protocole de Nagoya* (octobre 2010) sur « l'accès et le partage des avantages» (APA) relatif à la reconnaissance des droits des pays d'origine et des populations locales sur les ressources génétiques et des savoirs associés. Ce protocole qui n'est pas encore entré en vigueur, traduit une certaine reconnaissance des revendications des pays du Sud. Cependant, le fait qu'il ne s'agisse que de négocier les moyens et les financements de type « compensatoires » n'est pas satisfaisant car si les fonds générés peuvent permettre de financer le développement des pays du Sud, il peut être contreproductif en matière de conservation de la biodiversité sur le plan écologique (Brahic, 2012 ; *Think Tank* Fondation Hulot, mai 2012).

En ce qui concerne la communauté scientifique, la décision majeure réside dans la création en 2011 d'un groupe intergouvernemental sur la biodiversité et les services écosystémiques – ou, en anglais, IPBES (Intergovernmental Panel on Biodiversity and Ecological Services)[18] – dont la fonction est de fournir une interface entre la communauté scientifique et le monde politique. L'objectif principal de l'IBPES est construire et de croiser des compétences afin de renforcer l'utilisation des résultats scientifiques pour l'action politique.

« L'avenir que nous voulons », selon RIO +20

Les thématiques majeures du Sommet Rio+20 étaient l'économie verte (« *Green Economy* ») dans le cadre du DD et l'éradication de la pauvreté ainsi que la définition d'un cadre institutionnel pour le DD. La déclaration finale « *The Future We Want* » est un document de 50 pages listant 283 articles sans aucune structure, ni hiérarchisation rendant son décryptage très difficile. La plus grande partie des articles réaffirment des engagements pris à Rio en 1992 ou à Johannesburg en 2002.

Gilles Bœuf, Président du Muséum National d'Histoire Naturelle (MNHN) et Jean-Patrick Le Duc, délégué aux relations internationales du MNHN qui étaient à Rio, soulignent que la question l'augmentation du **rôle de la société civile** avait été important dans les débats. Elle devrait pouvoir participer plus activement à la gouvernance rénovée (quand elle existera). La nouveauté est la reconnaissance du rôle important de nouvelles catégories d'acteurs autres que les « grands groupes » qui sont désormais appelées «*autres parties prenantes* ». Un chapitre spécial « *Engaging major groups and other stakeholders* » lui est consacré avec neuf articles mentionnant explicitement la société civile et le public (article 43 à 46 et 9 à 53) et le rôle particulier que des femmes ont à y jouer

---

[18] http://www.ipbes.net/

(article 45). La déclaration comporte, en outre, une vingtaine d'articles concernant le rôle de la société civile dans les activités de DD.

Sept articles seulement mentionnent **le rôle de la recherche scientifique** dont 2 insistent sur l'interface entre science et politique. Deux articles (207 et 208) mentionnent l'importance du rôle des connaissances scientifiques dans le domaine de la « desertification, Land degradation and drought (p36). Aucun paragraphe ne s'intéresse à la façon dont la science contribuera à la mise en œuvre de Rio+20 , pas d'encouragement explicite par exemple à développer des approches interdisciplinaires et une collaboration entre les sciences naturelles et les sciences sociales pour garantir l'implication de la société dans le processus de définition des objectifs de DD. La Communauté de recherche s'est d'ailleurs émue de ce que la science n'ait pas été retenue en tant que composante essentielle de solutions de développement durable comme cela avait été le cas lors du sommet de 1992 (Rio+20, Science at Rio+20, 2012). Le document final ne comprend, en effet, aucune section titrant «science».

La mise en œuvre d'une **gouvernance mondiale du DD** améliorée et plus efficace prendra la forme d'un « forum de haut niveau » (« High level politcal forum », cf articles 84, 85 et 86) dont le format sera défini aussi rapidement que possible sous la responsabilité de l'Assemblée Générale des Nations unies. La première réunion est programmée en septembre 2013.

Huit articles (197 à 204, p. 35 : Biodiversity) sont consacrés à la **biodiversité** ce qui est relativement peu conte tenu que Le Sommet de la Terre (Rio, 1992) avait promu et diffusé ce concept à l'échelle planétaire. L'ENCADRE N°14 donne des extraits trois articles dans lesquels il est fait mention des **connaissances issues des sociétés locales**, du rôle de la décade pour la biodiversité des Nations Unies (2010-2020) pour un **accès et une utilisation équitable des RG** dans une « harmonie avec la nature » et encourage l'IPBES. G. Bœuf et J.P Le Duc dénoncent à ce propos que « *la place anecdotique faite à la diversité biologique, au début de la décennie des Nations Unies pour la biodiversité, et alors que toute la communauté scientifique reconnaît qu'elle est un élément essentiel pour la survie de l'espèce humaine et de la planète* ».

Concernant **l'économie verte**, il est demandé aux Etats de faire appel au secteur privé pour la promouvoir et aider à l'élimination de la pauvreté mais le concept n'est pas défini. A l'occasion du Forum du 24 mars (voir chapitre 3.4, 1), le *FMSD* s'est positionné sur l'hypothèse d'une « *économie verte* » comme voie d'évolution des modèles de développement, hypothèse susceptible de conditionner en partie l'agenda de la recherche des 30 prochaines années. Or, l'économie verte propose des réponses scientifiques et technologiques aux problèmes environnementaux. Elle est contestée en tant que telle par le FMDS et ses partenaires car considérée comme « *un nouveau moyen d'affirmer qu'à tout problème social, culturel, écologique et économique, une réponse High Tech est disponible, souhaitable et à privilégier. On n'y évoque jamais les défis de régénération de la biodiversité et des écosystèmes, de refonte du lien entre l'espèce humaine et la biosphère*». En accord avec les inquiétudes du FMSD. L'influent groupe ETC EcoCulture[19] note que « *les solutions*

---

[19] EcoCulture ETC est un groupe international de recherche et de conseil pionnier dans la gestion durable des ressources naturelles notamment dans les zones rurales des pays en développement (http://www.etc-international.org/etc-units/etc-agriculture/)

technologiques découlant de l'économie verte semblent actuellement séduisantes, mais demeurent dangereuses, car elles risquent d'engendrer une concentration accrue du pouvoir des entreprises, et de déclencher une avalanche de technologies brevetées dans les communautés alors que celles-ci ne sont pas consultées quant à leurs impacts – ni d'ailleurs préparées à ceux-ci. ».

L'agriculture est ramenée à sa fonction alimentaire et aux aspects des prix agricoles. La place de la recherche agricole est mentionnée dans un article (article 48). Son rôle-clé dans la qualité du fonctionnement des écosystèmes, la limitation des conséquences des cataclysmes naturels, les activités induites, la protection de la diversité génétique, par exemple, n'est pas mentionné.

ENCADRE N°14.

"The Future We Want", extraits de la déclaration Rio+20 / Section « biodiversité » (articles 197 à 204)

Art.197. We reaffirm the intrinsic value of biological diversity, as well as the ecological, genetic,social, economic, scientific, educational, cultural, recreational and aesthetic values of biological diversity and its critical role in maintaining ecosystems that provide essential services, which are critical foundations for sustainable development and human well-being. We recognize the severity of global biodiversity loss and degradation of ecosystems and emphasize that these undermine global development, affecting food security and nutrition, provision of and access to water, health of the rural poor and of people worldwide, including present and future generations. This highlights the importance of the conservation of biodiversity, enhancing habitat connectivity and building ecosystem resilience. We recognize that **traditional knowledge, innovations and practices of indigenous peoples and local communities make an important contribution to the conservation and sustainable use of biodiversity**, and their wider application can support social well-being and sustainable livelihoods. We further recognize that indigenous peoples and local communities are often most directly dependent on biodiversity and ecosystems and thus are often most immediately affected by their loss and degradation.

Art.202. We agree to promote international cooperation, and partnerships, as appropriate, and information exchange, and in this context we welcome the **United Nations Decade on Biodiversity 2011-2020** for the purpose of encouraging active involvement of all stakeholders in the conservation and sustainable use of biodiversity, as well as access to and the fair and **equitable sharing of benefits arising from the utilization of genetic resources**, with the vision of living in harmony with nature.

Art.204. We take note of the establishment of the **Intergovernmental Science-Policy Platform on Biodiversity and Ecosystem Services (IPBES)**, and invite an early commencement of its work, in order to provide the best available policy-relevant information on biodiversity to assist decision makers.

Chapitre 4. Proposition d'un cadre pragmatique pour comprendre les controverses autour de la biodiversité

Ce chapitre présente un approfondissement conceptuel qui vise à amener la proposition pragmatique finale : les notions liées à l'institutionnalisation de la biodiversité, les notions de démocratie technique et de controverses socio-techniques seront abordées à travers une analyse bibliographique du pragmatisme en sciences sociales sur les questions environnementales.

Suivra une proposition de grille d'analyse interdisciplinaire qui tente d'inclure les savoirs non scientifiques à partir des éléments mis en évidence lors de notre enquête. Nous nous sommes interrogés notamment sur la capacité de la recherche contextualisée ou participative à renouveler les modèles et les cadres existants de production scientifique. Il s'agira de voir comment des connaissances scientifiques pourraient être mobilisées dans des pratiques en faisant évoluer les questions posées et / ou le type de réponse à y apporter.

4.1. Les questions environnementales vues à travers le pragmatisme en sciences sociales

4.1.1. Pensée pragmatique et savoirs sur les questions environnementales

Le déficit de connaissances sur les questions environnementales concerne principalement les modes d'intégration – dans la réflexion scientifique et dans l'action locale de développement notamment – de ce que l'on nomme communément les savoirs et savoir-faire issus de la « société civile », c'est à dire hors champ scientifique (Jollivet et Pavé, 1993 Gauthier, 2010).

Les approches pragmatiques apparaissent aujourd'hui plus adaptées que d'autres à la recherche de solutions locales et durables car **à la base de la pensée pragmatique il y a la nécessité d'agir**. Kant désignait par « *croyance pragmatique* » une proposition nécessairement validée par l'expérience : « *la raison séparée de toute expérience, ou bien ne peut plus connaître qu'a priori [ ] ou bien elle ne connaît rien du tout* ». Les terminologies « **pragmatique** » ou « **pragmatisme** » tirent leurs origines des termes grecs *pragma* (action) et *praxis* (pratique, réalisation par l'action). La *praxis* s'entend comme lien étroit entre le monde de l'action et celui de la pensée soulignant **l'origine et la nature du lien que la pensée humaine entretient avec l'action**, entre théorie et pratique (Morandini, 2004). Certaines approches en socio-anthropologie dérivées du pragmatisme anglo-saxon telles que la **sociologie de la traduction** et avec elle le concept de **démocratie technique** défendu par Callon *et al* (2001) nous paraissent de ce fait mobilisables pour **faire avancer les modèles théoriques d'analyse des relations que les sociétés entretiennent avec leurs objets et l'action.**

Notre analyse bibliographique prend acte du fait que les questions environnementales – biodiversité et disputes autour des OGM (notamment en France) par exemple – sont des domaines de prédilection voire des cas d'école (Mauz et Granjou, 2010) pour comprendre les relations entre la recherche scientifique et la société et qu'elles comportent de très nombreuses **controverses socio-techniques** qui amènent scientifiques et citoyens à se confronter régulièrement (Callon *et al.*, 2001 ; Nachi, 2006).

De fait, cette analyse est en "phase" avec son environnement. En effet, on parle d'un « *tournant pragmatique* » qui s'observe depuis moins d'une vingtaine d'années en sciences sociales (Steiner, 2008 ; Pudal, 2008), approche de plus en plus sollicitée par les chercheurs notamment pour aborder les questions environnementales. Ces questions ont, en effet, ceci de particulier qu'elles imposent d'appréhender les problèmes liés à la gestion des échelles de compréhension et d'action (« *un agir local dans une pensée globale* ») et de réviser l'opposition dualiste classique - du moins en Occident - entre culture (sociétés) et nature (Descola, 2011). Nous avons donc choisi de nous concentrer ici sur des démarches proposées par **les courants pragmatiques de la sociologie** défendues notamment par Michel Callon, Bruno Latour, Madeleine Akrich, Luc Boltanski et Mohamed Nachi. Nous proposons un cadrage philosophique inspiré **des courants pragmatistes anglo-saxons** notamment John Dewey (1859-1952), philosophe américain.

4.1.2. Cadrage philosophique: «valuation», action et connaissances selon John DEWEY

La pensée de John Dewey fournit le cadre général du **pragmatisme,** mouvement philosophique américain dont il fut l'un des fondateurs. Il est sensible à la très jeune **théorie de l'évolution** de Charles Darwin, défendue dans « *De l'origine des espèces* » (1859) dont le fondement est le **rôle majeur de l'adaptation** dans le mécanisme de **sélection naturelle** dans l'évolution des espèces animales et végétales. Dans cette perspective, l'homme est envisagé comme une espèce animale particulière qui, pour survivre, doit s'adapter à un environnement en constante évolution. Mais il précise que l'humain se distingue de l'animal par la connaissance. La **connaissance**, nous dit Dewey, fait partie intégrante du processus par lequel « *la vie persiste et croît* », elle est **l'instrument majeur** de l'adaptation.

Une autre idée fondamentale, selon nous, du **courant pragmatique** c'est que la pensée est toujours indissociable de l'action et doit toujours être envisagée **en situation,** dans un certain environnement, ce dernier étant en perpétuelle évolution. **L'action est le prolongement de la pensée.** Selon Dewey, la vie est un processus d'auto-renouvellement à travers l'action sur l'environnement et ce processus se déroule de manière continue. La continuité du processus vital se déploie à travers le groupe social. Or ce qui établit un pont, selon Dewey, entre l'individu et la société, c'est principalement **l'éducation.** Dès lors, ce qui se rattache à la **montée en compétences** doit constituer un objet central pour les sociologues de l'action.

Pour les pragmatistes de l'école de Dewey, les théories ne préexistent pas mais sont des **instruments d'adaptation** à une réalité dynamique, toujours en devenir. En termes très ramassés, **on ne peut penser sans faits,** c'est l'expérience qui nourrit la pensée. Nous voyons là en germe le cadre théorique pragmatique de l'action collective qui a été développé plus tard par Elinor Ostrom (1990 traduit en 2010) et reprises par Folke (2003 ; 2006) qui a théorisé les apprentissages collectifs en situations notamment à propos de la gestion collective des biens communs environnementaux.

La prix Nobel d'Economie (2009) a accumulé et analysé un grand nombre de données empiriques montrant que les solutions pragmatiques sont efficaces et durables dans suffisamment de cas pour que l'auto-organisation apparaisse non pas comme une utopie politique mais comme une pratique d'action collective qui répond à une large palette de problèmes (notamment économiques).

Dans « *La formation des valeurs* », ouvrage important traduit en 2011 qui regroupe les analyses de Dewey se rapportant à la question des valeurs, il explique que **désir** et **intérêt** se révèlent à travers des activités intentionnelles, des visées. Leur registre n'est donc pas celui des émotions ou de l'arbitraire mais celui de l'action « *en vue de* ». Dès lors la formation des valeurs (« *valuation* ») devient accessible à l'enquête au même titre que les processus normatifs, ceux qui établissent les standards et les normes. Dewey soutient que **toute valuation est une critique**, en ce sens, interroger les valeurs conduit à comprendre les **motifs d'une action**. Pour lui, un savoir authentique, par opposition à une information, est une « *connaissance utilisée à diriger les forces vers un meilleur emploi* ». **L'expérience** et l'intelligence collectives, d'une part, **l'imagination** individuelle (acquise grâce à l'éducation), d'autre part, permettent d'orienter l'intention. Cette **vision dynamique de la connaissance** le conduit à estimer que la fin poursuivie n'est pleinement déterminée ou connue qu'au terme de l'action elle-même. Le sociologue peut donc interroger les valeurs sans distinguer entre fins et moyens. La science, dit-il, dont le progrès est lui-même une valeur, a commencé à donner des résultats satisfaisants lorsqu'elle a cessé de se référer à des idées *a priori* pour tendre à des « *fins en vue de* » : c'est en quoi elle est efficace. Il faut donc se demander, en sciences sociales, **quels problèmes se posent à un groupe et observer ce qui est mis en place pour y répondre.**

Dans l'ouvrage « *John Dewey, philosophe du public* » (1999), Joëlle Zaks résume ainsi la pensée de Dewey : « *La reconstruction d'un public effectif, dévolu avant tout, non à critiquer la domination politique comme le veut la pensée libérale traditionnelle, mais à politiser les impasses de la vie sociale (ou à restaurer la liberté), est un projet vers lequel convergent tous les pans de la philosophie de Dewey: sa psychologie, sa théorie de l'éducation, sa conception expérimentale de la connaissance comme sa pensée politique.* »

4.1.3. Incertitudes de la science et controverses socio-techniques

Les nouveaux modes de gouvernance de nos sociétés dites *gestionnaires* produisent des cadres techniques et comptables en grande quantité et de manière croissante (Albert Ogien, *L'Esprit gestionnaire, 1995* cité par Boltanski (2011). Ils prennent principalement appui sur **des légitimités scientifiques ou techniques** qui laissent peu de place à la critique et au hasard de l'expérience. Si la plupart des décisions techniques prises par le politique s'appuient sur une **légitimité scientifique**, elles échappent alors au débat démocratique. Selon Boltanski (2011) et Callon (2004), la science est une institution qui « *dit ce qu'il en est de ce qui est et qui empêche ceux qui ne disposent pas d'une autorité institutionnelle de contester ce qu'elle affirme, tout en se réservant la possibilité de modifier ses énoncés* ». Parlant aussi de la science, B. Latour (1999 ; 2001) en fait la plus « *fabuleuse capacité politique* » jamais inventée sous couvert de « *neutralité* » : elle a le pouvoir d'imposer de nouveaux objets dans la société et de faire taire les oppositions des autres acteurs sociaux dits profanes.

Dans de nombreux domaines de la société contemporaine surgissent des questions complexes en ce sens qu'elles sont à la fois scientifiques et techniques, sociales et humaines et que leur compréhension nécessite de changer continuellement d'échelle. Ce sont les terrains les plus fertiles pour les **controverses socio-techniques** et un lieu où les incertitudes de la science sont les plus fortes (Callon *et al.*, 2001). Dès lors que la nécessaire adaptation à des contraintes nouvelles donnent lieu à des stratégies d'acteurs, des **controverses socio-techniques** émergent mobilisant des groupes variés aux intérêts différents (Callon *et al.*, 2001 ; 2004 ; Goxe, 2003).

Les controverses socio-techniques qui concernent les questions environnementales se multiplient (OGM, nucléaire, biodiversité, pollutions etc.). Elles ont en commun d'exiger des **réponses rapides, concertées et durables** alors qu'elles se développent dans un contexte ou **l'avenir est très incertain**. Précisément parce qu'elles vont bien au-delà de **simples questions techniques, les controverses socio-techniques sur les questions environnementales** mettent à mal le monopole des scientifiques basé sur un système de production de connaissances normées donc partielles. Ce pouvoir des scientifiques est, la plupart du temps, ignoré d'eux tant l'idéologie du progrès technique et le matérialisme sont ancrés dans notre mode de vie. Le jeu des compétitions pour les financements, les logiques de projets, de publications, incitations diverses et l'illusion de la neutralité scientifique (Latour, 2001 ; 2010) rendent aussi la recherche aveugle à l'instrumentalisation techniciste dont elle fait l'objet dans une société où la valeur marchande qui s'applique aux objets comme aux connaissances, est devenu un dogme.

4.1.4. Les controverses socio-techniques, un outil pour l'action politique

Bruno Latour et Luc Boltanski voient dans les critiques plus ou moins explicites de la **science instituée** portées par les acteurs de terrain une **revendication démocratique** face à une évolution technocratique de nos sociétés. La notion de **controverse socio-technique** a été plus particulièrement développée par Callon *et al.*, (2001) mais aussi par Akrich et Latour (2006) qui ont montré comment, dans les discussions et controverses qui accompagnent les processus d'innovation, se trouvent à chaque fois étroitement associés contenus techniques et contenus sociaux. Le processus d'innovation produisant **à la fois des savoirs, des dispositifs techniques et des formes d'organisation**, Callon *et al.* (2001) développent le concept de **démocratie technique** défini comme une forme **d'action en conditions d'incertitude** qui vise à développer des compétences et des apprentissages en même temps que des décisions se prennent en veillant à ce que ces décisions ne soient pas irréversibles. Cette démocratie s'opère en organisant **la participation citoyenne** dans les **controverses socio-techniques.** Par ailleurs, les auteurs insistent sur le fait que « *Reconnaître sa dimension sociale, c'est redonner une chance* [à une innovation technique] *d'être discutée dans des arènes politiques*».

Les débats sur des **controverses socio-techniques** sont des processus essentiels selon ces mêmes auteurs, qui garantissent un **fondement** et une **légitimité** des citoyens dans les **processus de décision scientifique et technique.** Dans les **controverses socio-techniques**, la prise en compte de la **pluralité des points des points de vue** donne lieue à une multiplication d'espaces de débats entre le monde scientifique et la société civile : les **forums hybrides**. Différentes formes de

négociation sont réalisées pour intégrer la diversité des points de vue. Elles passent par une succession de compromis qui enclenchent à leur tour des **processus d'apprentissage**. De ces processus émergent des **porte-paroles** *(Akrich et al.,* 1988 ; Callon *et al.,* 2001) qui développent en quelque sorte une « **expertise »** profane.

Les **épreuves** par lesquelles passent tous les acteurs dans ces débats constituent des **expériences empiriques** et **dynamiques.** Elles permettent à chacun d'apporter des **preuves** dans un argumentaire; elles peuvent se traduire aussi par des **tests associant divers acteurs ou usagers** qu'ils soient techniques, financiers, ou commerciaux. Le dispositif technique et son environnement sont alors indissociables et le rôle des **médiations techniques, sociales et cognitives** ((Akrich, 1993) devient majeur dans la transformation des techniques mais aussi des acteurs. Cette transformation est une **série de traductions** qui s'accompagne d'une organisation particulière des connaissances et forme des compétences savantes et profanes (Akrich, Callon et Latour, 2006). Dans un tel modèle, la **légitimation des savoirs, savoir-faire et connaissances** des acteurs devient un enjeu central. Une représentation schématique des propos de M. Callon *et al.* (2001) est schématisé dans la figure 1.

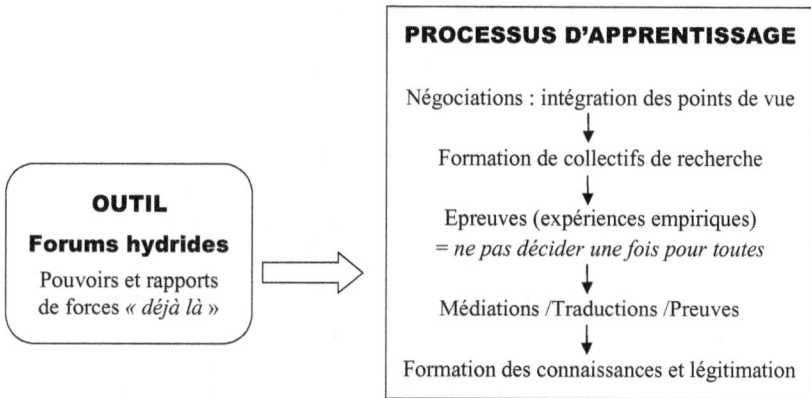

PROCESSUS D'APPRENTISSAGE

Négociations : intégration des points de vue
↓
Formation de collectifs de recherche
↓
Epreuves (expériences empiriques)
= *ne pas décider une fois pour toutes*
↓
Médiations /Traductions /Preuves
↓
Formation des connaissances et légitimation

OUTIL
Forums hydrides
Pouvoirs et rapports
de forces « *déjà là* »

Figure 1. **Controverses socio-techniques** : le modèle de « *agir sans trancher en conditions d'incertitude»,* d'après Callon (2001)

4.1.5. Théorie de l'acteur-réseau (ANT) ou théorie de la traduction

La **théorie de l'Acteur-Réseau** ou **théorie de la traduction** est défendue notamment par Latour, Callon et Akrich (2006). Elle intègre les dynamiques des systèmes et controverses socio-techniques. L'ANT entend reconsidérer les faits scientifiques, sociaux et humains selon une procédure unique qui dépend uniquement de la multiplicité des relations qui les relient. Le terme « *actant* » est préféré à celui d'« *acteur* » (que l'on « *fait agir* ») car ce dernier sous tend une assignation des rôles (cette

61

préférence est récente et c'est pourquoi on parle encore de Théorie de l'acteur-réseau, non de l'actant-réseau). Dans cette théorie, les faits, scientifiques ou non, sont considérés en fonction de la multiplicité des relations qu'ils nouent avec chaque acteur individuel. Il s'agit en fait de mieux comprendre les liaisons entre sociétés et sciences (innovation scientifiques et techniques) et en révéler la dimension politique. Cette conception conduit à rejeter les approches qui séparent l'«humain» du «non-humain», celles qui séparent **politique** et **sciences** (et technologies) ou plus largement **Nature** et **Culture (Société)**.

L'ANT aborde des réseaux, analyse les entités qui forment ces réseaux, où circule l'information, notamment à travers des **controverses socio-techniques** (voir 4.1.3). Les faits scientifiques ainsi que d'autres types de connaissances se forgent, circulent et se stabilisent (font sens) à travers de multiples transformations ou « traductions », selon le concept introduit par le Centre de Sociologie de l'Innovation (CSI). Dans un tel modèle, **le rôle des médiations** devient central pour la **production de connaissances**.

4.1.6. Le modèle de la sociologie pragmatique

La sociologie pragmatique défendue par Boltanski dans « *De la critique* » (2009) « *décrit les actions d'hommes révoltés mais dotés de raison et porte l'accent sur leurs capacités, dans certaines conditions [ ] à forger des interprétations nouvelles au service d'une activité critique* ». L'ambition de cette **sociologie de la critique** est de déplacer les questions par rapport à la sociologie classique (normative) notamment :

– en se démarquant des oppositions classiques : entre individu et collectif, entre holisme et individualisme et entre savoirs savants / savoirs profanes;
– en explorant par des voies pragmatiques l'émergence de collectifs ou de mobilisations ;
– en construisant des outils d'analyse prenant en compte la pluralité des savoirs ainsi que les formes diverses d'engagement et d'action des acteurs.

La sociologie pragmatique récuse l'idée d'un individu rationnel et préfère recourir aux notions d'acteurs ou d'actants qui font référence à des personnes singulières libres d'appartenance à telle ou telle catégories socio-culturelles ou classes sociales et surtout libres de se présenter, de se "*mettre en scène*" comme elles le veulent. Elle s'intéresse aux processus longs (alternant des phases de continuité et de discontinuité) à travers lesquels se forment et se transforment des structures sociales telles que les **institutions**. Elle se démarque par ailleurs de la **sociologie critique du dévoilement** (des structures sous jacente de domination par exemple) de Bourdieu dans laquelle la trajectoire et l'appartenance socio-culturelle des acteurs est déterminante (Bourdieu, 2002).

Tenant compte de l'importance croissante des processus normatifs produits par nos sociétés, Boltanski (2009 ; 2011) donne une place centrale au contexte de l'action et aux **comportements et choix individuels** (plutôt qu'aux comportements normés). Il pense que le travail sociologique aujourd'hui consiste à établir des modèles qui partent **d'un point de vue** tout en sachant que ce point de vue est **local**. Afin de réduire l'asymétrie entre, d'un côté, le chercheur clairvoyant et, de l'autre, l'acteur plongé dans sa réalité quotidienne, il suggère d'aborder la réalité sociale depuis deux perspectives:

(1) un point de vue surplombant qui fait référence à des entités larges ou des structures et va plutôt mettre en lumière la **stabilité de la réalité sociale** ;

(2) le ou les points de vue d'acteurs, plongés dans des **situations singulières.**

La **sociologie de la critique** traite de la critique que les acteurs font eux même de la société, critiques d'une ampleur souvent plus limitée que celles fournies par la sociologie critique (Bourdieu, 2002). Ainsi, elle privilégie une **approche de symétrie des savoirs restreinte** (Nachi, 2006), c'est-à-dire empruntant à la sociologie critique pour laquelle il y a une hiérarchie des savoirs et à la sociologie pragmatique dans laquelle « *l'explication du sociologue, son autorité, ne bénéficie plus de la supériorité a priori sur celle de l'acteur social* » (Nachi, 2006). **Symétrie généralisée des savoirs** ou **symétrie restreinte ?** la question est débattue. Latour et Callon estiment qu'il n'y a aucune raison d'appliquer une grille d'analyse différente en fonction des acteurs alors que Boltanski (2011) préfère une **symétrie restreinte** dans laquelle les sociologues proposent des et des **outils de totalisation.** Boltanski (2011) précise que lorsque les acteurs s'emparent de ce type d'argumentaire, il devient très puissant. Boltanski (2009 ; 2011) construit donc une théorie critique, à partir de l'expérience critique des acteurs eux-mêmes. Par suite, l'étude de **situations de désaccord** est privilégiée car ce sont des situations dans lesquelles les acteurs sont amenés à mettre en œuvre leurs capacités critiques et à agir sous contrainte d'incertitude (Callon *et al.*, 2001 ; Boltanski, 2011).

En accord avec la pensée de Dewey et la thèse de Callon (2001), la **sociologie (pragmatique) de la critique** se présente comme un **modèle** [philosophique] d'interprétation qui met en avant **les compétences pour les opposer à la toute puissance de l'expertise.** Elle s'appuie pour partie aussi sur la thèse du philosophe allemand contemporain Axel Honneth (Honneth, 2006) « [une société idéale est] *une société dont l'environnement social, culturel ou politique permet aux individus de développer une identité autonome ou une relation positive à soi-même. C'est une société dans laquelle chacun devrait pouvoir devenir ce qu'il souhaite être sans avoir à en passer par l'expérience douloureuse du mépris ou du déni de reconnaissance*».

La vision de Boltanski est en cohérence avec le modèle de **démocratie technique** (Callon, 2001 ; Callon et Barthe, 2004) qui ne différencient pas fondamentalement les théories et les pratiques qui éprouvent ces théories (Figure 1). Ces dernières sont des supports d'apprentissages organisés en « *poupées russes* » c'est-à-dire que de nouvelles théories se mettent en place et s'emboitent par une succession de traductions, réductions, négociations dans lesquelles différentes formes de connaissances sont mobilisées (Akrich *et al.*, 1988 ; Callon *et al.*, 2001).

4.2. Proposition de grille d'analyse selon le modèle de la sociologie pragmatique

Nous pensons que l'alternative défendue par le *RSP* par rapport à la norme de la production agricole et de la production semencière à l'échelle européenne rentre typiquement dans une **controverse socio technique** telle que décrite par Callon *et al.*, (2001). En construisant un cadre accueillant une pluralité de savoirs, la sociologie pragmatique de la critique permet potentiellement de **dépasser certaines oppositions** et de formuler des **solutions concrètes à des problèmes concrets** (Nachi, 2006 ; Callon *et al.*, 2001 ; Boltanski, 2009). Ce chapitre tente de mettre en relation les concepts présentés dans l'analyse bibliographique ci-dessus et les observations réalisées dans le cadre de notre enquête.

4.2.1. Rappel des objectifs de l'étude

Dans notre enquête nous avons cherché à décrire une réalité dans le domaine de **la conservation et de la gestion de la biodiversité** *in situ* dans un certain lieu à un certain moment. Les citoyens, dans notre cas d'étude, sont principalement un **groupement de producteurs de maïs** en Aquitaine, **certaines associations** et **certains scientifiques** qui les accompagnent. Le collectif ainsi formé agit en commun afin de participer aux débats et aux prises de décisions concernant le droit pour les agriculteurs de **produire** et **de sélectionner leur propres semences issues de variétés anciennes** comme alternative à l'utilisation de semences hybrides commercialisées par de puissantes multinationales dont les semences doivent être achetées chaque année.

Notre objectif était de contribuer à une **heuristique** (comprendre les conditions de justification et de légitimation) **du progrès de l'activité scientifique** et **toute autre activité productrice de savoirs**. Notre ambition est aussi de proposer des pistes pour répondre aux questions : comment « Penser global, agir local » ? Comment faire transiter les problèmes entre le global et le local ? Comment lier la pensée et l'action ?

4.2.2. Les principes de l'analyse d'une mobilisation basée sur la sociologie pragmatique

Le registre pratique, l'action située et les procédures d'agrégation des motifs des acteurs, est l'objet de prédilection de la sociologie pragmatique de la critique (Boltanski, 2009 ; 2011). Dans ce modèle, l'action est toujours située et les énoncés, de la même manière, ne sont pas dissociables des conditions d'énonciation. Le modèle traite donc des **comportements individuels, actifs et situés**. Il reconnaît des **individus qui ont des motifs pour agir et des projets** mais il exclut l'idée d'une intentionnalité systématique pour des entités qui ne seraient pas des êtres humains.

Dans ce modèle, la grille d'analyse des discours et des faits est unique, que le fait soit social ou technique. Les **procédures d'agrégation des motifs** des acteurs réalisées notamment dans les **forums hybrides** ne sont pas analysées en tant que telles, elles sont traitées comme des « *boites noires* » d'ajustements c'est-à-dire « *des contenus sur lesquels on ne revient pas* » (Callon et Barthes, 2004 ; Callon et Latour, 2006). Dans ce registre, la coopération entre acteurs s'organise pour réduire l'incertitude « *en faisant comme si les choses allaient de soi* ». La préconisation centrale du modèle est d'être **attentif aux procédures nécessaires pour faire du commun** (Callon et Barthe, 2004 ; Boltanski, 2011).

L'approche de la sociologie pragmatique est basée sur 3 notions centrales qui déterminent l'activité d'un réseau ou d'une mobilisation: la **symétrie des savoirs**, la **pluralité des mondes** et la mobilisation et co-construction de **compétences cognitives** (Nachi, 2006). Nous avons tenté de les reprendre pour notre cas d'étude, en repartant des éléments de discours de nos interlocuteurs concernant **(1) les motifs, attentes et engagements des acteurs, (2) les savoirs et savoir-faire, les compétences mobilisés** et **(3) les liens** (voir chapitres 3.3.1 et 3.3.2)

4.2.3. Les motifs et attentes des acteurs rencontrés

La **sociologie pragmatique** nous permet d'interpréter autrement, avec un nouveau regard, l'actualité du **désaccord** du *RSP* et de ses partenaires face à la **menace d'une interdiction de la gestion paysanne de la biodiversité cultivée** en Europe. On a là une **situation de désaccord** comme **départ de l'action,** dans laquelle les acteurs sont amenés à mettre en œuvre leurs **capacités critiques** et **à agir sous contrainte d'incertitude** (Callon *et al.*, 2001).

Le danger d'un contrôle à la fois **marchand** et de type **génétique** des semences de la planète a été perçu dans de nombreuses sociétés (Bonneuil et Thomas, 2009). On remarque, en effet, que la montée en puissance de la génétique et de la biologie moléculaire à la fin du XXe siècle est parallèle à celle des grandes associations trans humanistes mondiales (Mireille Delmas Marty dans un interview donnée à France-Culture en février 2011). Une autre concomitance est observée par Luc Boltanski (2011) entre une **revendication sociale de participation** et l'évolution des modes de gouvernement de plus en plus **technocratique** (basé sur des technologies censément neutres) de nos sociétés. Ces associations humanistes citoyennes soutenues par de grands intellectuels comme *Edgard Morin* ou *Bruno Latour* s'accordent sur une forme de « *confiscation de la démocratie* » sous couvert de la science et une « *pollution du discours scientifique* » par l'industrie par les grandes sociétés privées capitalistes. Ce discours « *scientiste* » est perçu comme une forme de « *détournement des fonds public*» par les acteurs du *RSP* et des associations citoyennes scientifiques et chercheurs qui les accompagnent. Il est apparu clairement dans les discours des personnes (chapitre 3.3.1.) et dans le Forum, que l'on peut qualifier « hybride » du *FMSD* (chapitre 3.4.1).

4.2.4. Savoirs et compétences des acteurs: un désir de reconnaissance

La **symétrie des savoirs** est l'un des 3 grands principes de l'approche de la sociologie pragmatique. Ce principe central de la sociologie pragmatique rompt avec une position basée sur une **hiérarchie des savoirs,** plaçant le scientifique, au moins dans les cas les plus extrêmes, « *comme le seul en mesure de dévoiler*» un programme « *tyrannique mais inconscient* » intériorisé par les acteurs, selon Boltanski dans la préface de Nachi (2006). Le principe méthodologique de **symétrie des savoirs** est la négation du **principe rationaliste** basé sur la supériorité du savoir scientifique (Nachi, 2006). Dans ce cadre, le scientifique ne se place pas en surplomb des autres acteurs en s'intéressant à l'émergence de collectifs actifs ou de mobilisations (Latour, 2005). Cette posture « à égalité » est clairement défendue par VC quand elle évoque sa pratique de la sélection participative (voir chapitre 3.3.1, entretien avec VC).

Pour solliciter et développer les **compétences cognitives des acteurs**, il faut définir les conditions et les procédures permettant que s'exprime ce dont les acteurs sont capables (Nachi, 2006) en particulier dans les **forums hybrides**. Il existe une pluralité des formes et modèles de compétences (Boltanski et Thévenot, 1987 cité par Nachi 2006) et c'est l'apprentissage qui rend possible l'acquisition de nouvelles compétences pour agir de façon coordonnée. Les processus de **négociations intervenant dans la controverse socio-technique** et qui prennent corps lors des **forums hybrides** sont aussi des leviers pour comprendre comment les connaissances se diffusent, en cela ils permettent une légitimation des savoirs (Callon *et al.*, 2001 ; Callon et Barthes, 2004).

4.2.5. Circulation de l'information et liens pluriels

De façon plus spécifique, la notion de **pluralité des mondes** est essentielle. Callon et Barthes (2004) insistent sur le fait qu'il faut intégrer le pluralisme dès le début d'une action afin d'éviter les verrouillages et permettre à « *tous les mondes possibles* » d'être envisagés. La construction des collectifs de recherche pour les expérimentations doit donc pouvoir se saisir des problèmes écartés parce qu'ils relèveraient de courants minoritaires. Nous avons justement observé comment le *FMSD* agissait pour nourrir la mobilisation autour du débat sur la politique de recherche et la diffusion des savoirs (voir chapitre 3.4.1 et ENCADRE N°13) en engageant une pluralité d'acteurs intervenant tous au même titre et sans hiérarchie. Cet exemple de **forum hybride** nous a permis d'observer qu'il était à la fois un lieu de diffusion d'information, de formation des connaissances et de renforcement de la cohésion nourrissant un processus de légitimation des savoirs.

La **médiation** est centrale dans **la production de connaissances** mais aussi dans **l'installation des relations** (Akrich, 1993). Or on l'a constaté sur le terrain, les **programmes de formation** sont une voie privilégiée de sensibilisation et d'adhésion au *RSP* a indiqué PdK (voir chapitre 3.3.2). Dans sa réflexion, BL a également insisté sur le rôle central des **facilitateurs** indiquant que la présence continue d'un facilitateur sur les plans techniques et relationnels était un facteur-clé de réussite, de développement d'une mobilisation.

4.2.6. Quatre intérêts d'un choix pragmatique pour traiter de la biodiversité

Nous proposons quatre raisons d'ordre pratique et opérationnel de faire le choix du **pragmatisme de la critique** sur les questions liées à la biodiversité et aux semences.

1. Concilier des points de vue et savoirs multiples

L'objectif visé est l'amélioration de la capacité des acteurs à s'adapter à de nouvelles situations **par la mobilisation de connaissances**. Dans les processus de mise en « *boites noires* » des contenus sur lesquels on ne revient pas proposé par Boltanski (voir 4.2.2), **l'objectif commun** est toujours visible. Ces dispositifs sont construits dans les forums hybrides façon à ce que l'on ne « *décide pas une fois pour toutes* » dans les situations d'incertitude (Callon et al., 2001). En mettant **l'apprentissage collectif au centre des processus destinés à faire du commun**, en veillant à ce que la construction de capacités vise l'autonomie et renforce la liberté des acteurs, le *RSP* et ses partenaires assurent sans doute la **durabilité du processus**.

2. Avoir de la souplesse et flexibilité dans la gestion de situations diverses

Le cadre général des actions du *RSP* est ample : la démarche privilégie une **approche large** liant l'agriculture biologique et la production autonome de semences à un projet de société plus global. Dans un tel cadre les aménagements permettant d'emporter les adhésions et d'éviter (gérer) les tensions sur des sujets jugés mineurs sont toujours possibles ou du moins très étendus. Elle permet aussi d'associer des acteurs diversifiés donc porteurs **d'autres types de savoirs potentiellement utiles**.

3. Eviter les simplifications dues aux généralisations

Les théoriciens des sciences (en l'occurrence des sciences dite « dures »), de Descartes à Karl Popper (1904-1994), ont décrit la démarche scientifique comme une succession de cycles dans lesquels un ensemble d'études dispersées fait l'objet d'une proposition ou hypothèse généralisante et par là même simplifiante. Cette généralisation est, forcément, « *falsificatrice* », selon l'expression de Karl Popper. L'étude de situations locales **posées d'emblée comme spécifiques et contextualisées** résistent à cette simplification. Cette absence de simplification est promue de façon intuitive au rang de méthode quand VC annonce : « *Nous, notre méthode c'est de coller au contexte* » *alors ça marche partout* ! » (voir chapitre 3.3.1, entretien avec VC)

4. Dépasser les contradictions pour découvrir un autre niveau de généralité

L'apparente facilité avec laquelle ces formes de mobilisation sur les questions environnementales et plus généralement économiques et sociales, se propagent à travers les continents dans des sociétés très différentes n'est pas uniquement à mettre au crédit des nouvelles technologies de la communication. La capacité qu'ont les acteurs à mobiliser de façon pertinente ces technologies est plus déterminante que les technologies en elles même. Ces processus de mise en cohérence très rapides donnent à penser que le niveau de généralité se trouve plus **dans les liens entre les échelles** (micro / macro, individuel / collectif, local/ global) que dans la généralisation d'une situation particulière. Certaines approches de la **socio-anthropologie de l'environnement** se développent actuellement dans cette direction.

Chapitre 5. Conclusion générale en forme de plaidoyer

Doit-on voir dans cet exemple de collaboration entre chercheurs et société civile un courant relativement marginal ou bien les premiers indices d'une transformation des formes et des cadres actuels du métier de chercheur ? Cette conclusion portera sur les enseignements propres à l'étude conduite mais aussi sur mon cheminement personnel au niveau scientifique pendant le temps de cette formation et du stage de master.

La biodiversité cultivée: un modèle pour une pluralité de production de connaissances

Notre réflexion autour des connaissances, des actions et des apprentissages dans le domaine de la biodiversité cultivée a révélé l'intrication de l'objet technique (la sélection et la création variétale) avec les actions entreprises par le collectif d'acteurs étudié. Cette intrication est bien décrite par Madeleine Akrich (1993 ; 2006) en ce sens que **l'innovation technique et sociale** que constitue la mise en place du réseau d'acteurs étudié **produit de façon indissociable des savoirs, des dispositifs techniques et des formes d'organisation nouvelles.** Cette configuration est de plus en plus fréquente quand les citoyens s'emparent des questions environnementales contemporaines. En effet, les problèmes d'environnement posent une question fondamentale, celle des **relations entre les sociétés humaines et la nature.** Il s'agit d'un rapport essentiellement philosophique et politique. Aucun scientifique aujourd'hui ne peut contester sérieusement que la capacité des systèmes biologiques naturels à produire des formes de résilience en réponse à des dégradations d'origine principalement humaine est largement conditionnée par une bonne gestion de la biodiversité. Tout chercheur s'intéressant à ces questions est donc amené dans sa pratique à s'interroger sur ce rapport. Ces questionnements soulèvent un champ de réflexion et d'étude sans limite à l'intérieur duquel se trouve un **enjeu de pouvoir majeur lié au contrôle des semences.** En effet, le monopole des multinationales de la semence (depuis les années 50, époque d'apparition des premiers hybrides de maïs) poursuit une politique de mainmise sur le vivant en s'appuyant notamment sur une supposée « toute puissance » de la science dans le domaine de la génétique. Dans une planète aux ressources naturelles surexploitées, détenir l'accès aux semences permet de contrôler l'agriculture et par là l'alimentation de la planète. Des associations paysannes et citoyennes à travers le monde se mobilisent, contestent et dénoncent ce pouvoir, à l'instar du *RSP*. Elles tentent surtout aujourd'hui - et c'est une observation très intéressante - d'enrôler la science instituée. Mais le processus est difficile car la recherche est enchâssée dans un modèle institutionnel, politique et économique qui fonctionne en "vase-clos" et qui reconnait encore trop peu l'ouverture des chercheurs sur les questions posés par la société.

On observe, en parallèle, qu'un **large consensus international** s'opère concernant les dimensions scientifiques et cognitives mais aussi morales et politiques, de la gestion et la conservation de la biodiversité. Cependant l'imbrication de diverses sciences et des échelles nécessaires à une compréhension correcte de la biodiversité, obligent à **sortir des formes traditionnelles de la production du savoir scientifique.** La nature du travail scientifique dans nos sociétés –

morcellement disciplinaire et cycles de généralisation – segmente la connaissance et nuit aux avancées conceptuelles dans des domaines complexes. Le reconnaitre c'est déjà commencer à travailler à une intégration et à une recomposition de nos savoirs.

L'étude conduite ici nous a permis de contribuer à une **argumentation des conditions de justification et de légitimation des activités productrices de savoirs** et de solutions concrètes dans le domaine de la biodiversité cultivée et des semences en France. Les apports d'une approche socio-anthropologique des problèmes environnementaux ont permis entre autres de mieux interroger l'évidence de la formule classiquement associée aux questions écologiques : « *penser global, agir local* ». La transition des problèmes entre le global et le local, mais aussi entre la pensée scientifique et l'action conduisent à **reconsidérer l'intérêt du pragmatisme scientifique en ce qu'il permet fondamentalement d'ouvrir les champs disciplinaires**. Ce mouvement vers plus de pragmatisme est maintenant légitimé par la communauté scientifique internationale comme l'attestent le prix Nobel d'économie décerné à Elinor Ostrom mais aussi les prises de position de la Conférence « Planet Under Pressure » à la veille de Rio + 20.

La mise en œuvre de démarches pluralistes, à l'évidence, ne se décrète pas, pas plus qu'une pratique de l'interdisciplinarité entre sciences bio techniques et sciences humaines. Nous pensons cependant que les nécessités de l'action dans ce domaine peuvent être vues non pas comme une contrainte mais comme une **opportunité de multiplier les formes d'échanges et de confrontations entre disciplines des sciences de la nature et celles des sciences sociales**, entre points de vue, entre partenaires sociaux. L'enjeu est de faire exister des postures nouvelles à partir desquelles des solutions et des devenirs différents pourraient être imaginés, faisant apparaître la pluralité et la richesse des savoirs et formes d'accès à la connaissance comme des réponses pertinentes à la crise écologique.

Sur le plan personnel : un apprentissage de la réflexivité

Ma rencontre avec les acteurs de la biodiversité cultivée en France, les études et recherches qui les ont précédé et suivie ont enrichi ma réflexion sur ma propre pratique scientifique en tant qu'agronome et aussi apporté quelques éléments de réponse. Les entretiens conduits ont été pour moi la pièce maitresse de mon interrogation car leur richesse m'a entrainé vers des lectures, particulièrement en philosophie des sciences, anthropologie et sociologie, qui ont nourri ma vision épistémique de la production de connaissances en science. Dans un passage très connu du « *Discours de la méthode* », Descartes déclare que les hommes, lorsqu'ils auront développé leur savoir grâce à la science pourront « *se rendre comme maîtres et possesseurs de la Nature* ». La rationalité cartésienne prime toujours en sciences biologiques ce qui peut conduire, insensiblement, à « adapter » la question de recherche aux solutions potentiellement réalisables par la technologie. Les biologistes éloignés du terrain trop longtemps prennent tous ce risque de ne traiter qu'une toute petite partie de la question sans savoir si cette partie, une fois maitrisée, aura un impact sur la question de société qui, au départ, justifie la recherche. J'ai appris en le faisant que cette posture scientifique s'appelait « **réflexivité** ».

J'ai découvert que l'étude des questions de biodiversité et des semences était complexe car elle a mobilisé mes connaissances de sélectionneur de terrain autant que mon approche, toute théorique, des sciences sociales notamment de l'environnement. Je pense que la démarche de recherche sur le thème de la biodiversité est paradigmatique en ceci qu'elle constitue un **très bon modèle pour comprendre comment devrait fonctionner la connaissance sur les questions portant des enjeux scientifiques, politiques et humains fondamentaux.** Les couples problématiques comme « local et global » et « nature et culture » sont toujours questionnés lorsqu'on étudie tel ou tel aspect de la biodiversité. Comme Edgar Morin l'a souligné dans « *Les sept savoirs nécessaires à l'éducation du futur* » (1999), une connaissance pertinente rencontre toujours « *le problème capital toujours méconnu [ ] de la nécessité de promouvoir de saisir les problèmes globaux ou fondamentaux pour y inscrire les connaissances partielles ou locales* ». Afin d'affronter les incertitudes, il préconise « *l'abandon des conceptions déterministes de histoire humaine qui croyaient pouvoir prédire notre futur* » afin de *[ ] nous inciter à préparer les esprits à s'attendre à l'inattendu pour l'affronter* ». Il a été d'un grand réconfort pour moi de me rendre compte que mes questionnements prenaient, en quelque sorte, « corps » dans les textes des grands philosophes de ce temps comme Edgard Morin mais aussi dans ceux de temps plus éloignés comme Descartes et Nietzsche. Nietzsche qui, au contraire de Descartes, se demande dans le célèbre aphorisme abrégé par la formule « *Dieu est mort !* » : « *De quelle pathologie le désir de soumettre la nature est-il le symptôme ?* » (Aphorisme 125, *Le Gai Savoir* ,1882).

Lectures et bibliographie de référence

Actes des premières rencontres semences paysannes «Cultivons la biodiversité dans les fermes». 2003, tenue à Toulouse (lycée agricole d'Auzeville) par La Confédération paysanne, Nature&Progrès, La Fédération Nationale d'Agriculture Biologique des Régions de France, Le Mouvement de Culture Bio-Dynamique, Bio d'Aquitaine, Le GDAB Midi-Pyrénées, Le Syndicat des Semences et Plants bios du Languedoc Roussillon, le 27 et 28 mars 2003, 110 pages.

Agriculture et biodiversité. Valoriser les synergies. 2008. Synthèse du rapport d'expertise - 1ère partie. Xavier Le Roux, Robert Barbault, Jacques Baudry, Françoise Burel, Isabelle Doussan, Eric Garnier, Félix Herzog, Sandra Lavorel, Robert Lifran, Jean Roger-Estrade, Jean-Pierre Sarthou, Michel Trommetter, INRA (France), Juillet 2008.

AgroBioPérigord, 2010. L'aquitaine cultive la biodiversité. Rapport annuel 2010, par Elodie Gras, Jennifer Kendall, Patrice Gaudin, Bertrand Lassaigne, Rémy Lebrun, 103 pages

Akrich, M, Callon, M, Latour, B., 1988. «A quoi tient le succès des innovations?» Gérer et comprendre. Annales des Mines, N°11:4-17 et N°12,14-29.

Akrich, M., 1993. Les formes de la médiation technique. In: Technique et médiation. Réseaux, 1993, volume 11 n°60, 87-98.

Akrich, M., Callon, M., Latour, B., 2006. Sociologie de la traduction. Textes fondateurs, Ecole des Mines, Paris, 304 pages.

Approche économique de la biodiversité et des services liés aux écosystèmes. Contribution à la décision publique. Résumé du rapport de travail présidé par Bernard Chevassus-au-louis, rendu en avril 2009, 102 pages.

Barbault, R. 2006. Biodiversité un défi pour l'interdisciplinarité. In: l'interdisciplinarité dans les sciences de la vie, Legay, J. Y. (Ed.), 151-169. Indisciplines, Paris, 172pp.

Barbault, R. 2006. Un éléphant dans un jeu de quilles. L'homme dans la biodiversité. Seuil, Paris.

Barbault, R., 2010. La biodiversité, concept écologique et affaire planétaire. Regards et débats, CFE/MNNH septembre 2010.

Barbault, R., 2005. Biodiversité, écologie et sociétés, Ecologie et Politique 2005/1, N° 30 : 27-40.

Barbault, R., 2008, « Pourquoi des biodiversités ? »
http://www.mercantour.eu/valdeblore2008/images/actes/j1/intervention_barbault.pdf

Barbault, R., 2010a. 2010, Un nouveau départ pour la biodiversité. In : Politique Publiques de Biodiversité. Problématiques scientifiques, enjeux politiques et actions locales, Laurent Bergès, Jean-Jacques Brun, Marion Gosselin, Caroline Martin, Isabelle Mauz et Eric Rochard (Eds.). Sciences Eaux et Territoires, la revue de l'ISTEA (CEMAGREF), N°3,2010, Editorial, pages 3-4.

Barbault, R., Weber, J., 2010b. La Vie, quelle entreprise! Seuil, 208 pages.

BEDE / FSC / RSP, 2011. Visions paysannes de la recherche dans le contexte de la sélection participative, Brochure du séminaire tenue Anger en février 2011 « Pour une Emergence d'une Université du Vivant (PEUV) » /Collection Emergence, 60 pages

Berlan, J.P., Lewontin, R.C., 1998.Racket sur le vivant. La menace du complexe génético-industriel, Le Monde diplomatique, Avril 1998

Besson, Y., 2009. Une histoire d'exigences : philosophie et agrobiologie. L'actualité de la pensée des fondateurs de l'agriculture biologique pour son développement contemporain. Innovations Agronomiques 4, 329-362.

Blandin P., 2009. De la protection de la nature au pilotage de la biodiversité, Versailles, Éditions Quæ, 122 p.

Boisvert, V., Vivien, F.D., 2010. Gestion et appropriation de la nature, entre le Nord et le Sud. Trente ans de politiques internationales relatives à la biodiversité, Revue Tiers Monde, 2/202, 15-32

Boltanski, L., 2009. De la critique. Précis de sociologie de l'émancipation, Paris, Gallimard « NRF Essais », 394 pages.

Boltanski, L., 2011. Le pouvoir est de plus en plus savant, Entretien avec Nicolas Duvoux. La vie des idées.fr.

Bourdieu, P., 2002. Questions de sociologie. Poche, reprise N°2. 288 pages

Bonneuil, C. et Demeulanaere, E., 2007.Une génétique de pair à pair ? L'émergence de la sélection participative », in : F. Charvolin, A. Micoud et L. K. Nyhart. Les sciences citoyennes. Vigilance collective et rapport entre profane et scientifique dans les sciences naturalistes. Ed. de l'Aube, 122-147.

Bonneuil, C. et Fenzi, M., 2011. Des ressources génétiques à la biodiversité cultivée. Revue d'Anthropologie des Connaissances, 2/5, 206-233.

Bonneuil, C. et Hochereau, F., 2008. « Gouverner le « progrès génétique » Biopolitique et métrologie de la construction d'un standard variétal dans la France agricole d'après-guerre, *Annales. Histoire, Sciences Sociales*, /6 ,63ᵉ année, p. 1305-1340.

Bonneuil, C. et Thomas, F., 2009. Gènes, pouvoirs et profits. Recherche publique et régimes de production des savoirs de Mendel aux OGM. Editions FPH et Quae, 615 pages

Bonneuil, C., Demeulanaere, E., Thomas, F., Joly, P. B., Allaire, G., Goldringer, I., 2006. Innover autrement? La recherche face à l'avènement d'un nouveau régime de production des savoirs en génétique végétale, Dossier de l'environnement, N°30 INRA, 29-51.

Bouju, J., 2011. Une application de l'anthropologie au développement, le métier de praticien, Cahiers d'études africaines, Editions de l'EHESS, 2/202-203, 563-589.

Brahic, E., 2012. Note de lecture : Les marchés de la biodiversité, Développement durable et territoires, Vol. 3 :1. Aubertin C., Pinton F., Boisvert V., (Ed.), IRD Editions, Paris, 269 pages.

Callon, M., Barthe, Y., 2004. Entretien avec les auteurs de l'ouvrage « Agir dans un monde incertain. Essai sur la démocratie technique », le Seuil (2001). Michel Callon, Pierre Lascoumes et Yannick Barthe, forum autour du livre, paru dans la revue Négociation en novembre 2004.

Callon, M., Lascoume, P., Barthe, Y., 2001, Agir dans un monde incertain. Essai sur la démocratie technique, Paris, Le Seuil, 358 pages

Callon, M., Latour, B., 2006. Le grand Leviathan s'apprivoise-t-il? In : Sociologie de la traduction. Textes fondateurs, Ecole des Mines, Paris, pp11-32.

Canfin, P. 2012. La dette écologique ne peut pas s'effacer. Alternatives Economiques, hors série N° 91, Premier trimestre 2012

Carrascosa, M., 2003. Enquête sur les expériences et savoir-faire « Semences paysannes, biologiques et biodynamique dans les campagnes françaises. Rapport de stage, 53 pages.

CDB, FAO, PNUE, 2008. Biodiversité et Agriculture. Journée internationale, 23 mai 2008, 60 pages.

Ceccarelli, S., 1994.Specific adaptation and breeding for marginal conditions. Euphytica, 77 /3: 205-219.

Cecarelli, S., Bailey, E., Grando, S., Tutwiler, R., 1996. Decentralized participatory plant Breeding : a link between formal plant breeding and small farmers. Doc ICARDA, Alep, Syria. 8 pages.

Cecarelli, S., Bailey, E., Grando, S., Tutwiler, R. Baha, J., Martini, A.M., Salahieh, H., Goodchild, A., Michael, M.,2000. A methodological study on participatory plant breeding I selection phase. Euphytica, 111, 91-104

Chable, V. et Berthellot, JF., 2006. La sélection participative en France : présentation des expériences en cours pour les agricultures biologiques et paysannes, Dossier N° 30 de l'environnement de l'INRA : 129-137.

Clavel, D (Ed.), 2011.Savoirs et développement rural. Le dialogue au cœur de l'innovation. Quae et CTA Edition, 105p.

Clavel, D., Barro, A., Belay, T., Lahmar, R., Maraux, F. 2008. Changements techniques et dynamique d'innovation agricole en Afrique Sahélienne: le cas du Zaï mécanisé au Burkina Faso et de l'introduction d'une cactée en Ethiopie, Vertigô, Vol 8, N°3, revue en ligne http://vertigo.revues.org/

Collectif ComMod, 2005. ForumLa modélisation comme outil d'accompagnement : Natures Sciences Sociétés 13, 165-168.

Coudel E. et Tonneau J.P., 2010. How can information contribute to innovative learning processes ? Insight from a farmer university in Brazil. Agricultural Information Worldwide, 3 (2).

Dawson, J., Berthellot, JF., Mercier, F., Kochko, P., Galic, N. , Giuliano, S. , Serpolay, E. , Thomas, M., Goldringer, I., 2010.Sélection participative des blés durs pour l'agriculture biologique en Europe. Proc ISDA Congress, Montpellier (France), 28/06-1/07 2010, 11 p.

Dewey, J., 2011. La formation des valeurs. La découverte, Paris, 234 pages.

Dossiers de l'environnement de l'INRA n° 30/173, 2005. « Quelles variétés et semences pour des agricultures paysannes durables ? Synthèse commune su séminaire de l'INRA et de la Confédération paysanne tenu du 11 et le 13 mai 2005, par Valentin Beauval, Pierre Gasselin, Guy Kastler et Jean-Marc Meynard.

Folke C., Colding J., Berkes F., Building F., 2003. Resilience and adaptive capacity in social-ecological systems. In : Navigating Social-Ecological Systems (F. Berkes, J. Colding, C. Folke, eds.), Cambridge University Press, Cambridge, UK, 352-387.

Folke, C., 2006. Resilience: The emergence of a perspective for social–ecological systems analyses

Galetic, S., 2009 : Pragmatisme et pédagogie dans l'œuvre de John Dewey : http://www.ibe.unesco.org/publications/ThinkersPdf/deweyf.PDF

Gauthier, O., 2010. Faire société avec la biodiversité, regard sur la biodiversité comme objet de politique publique. In : Politique Publiques de Biodiversité. Problématiques scientifiques, enjeux politiques et actions locales, Laurent Bergès, Jean-Jacques Brun, Marion Gosselin, Caroline Martin, Isabelle Mauz et Eric Rochard (Eds.). Sciences Eaux et Territoires, la revue de l'IRSTEA, N°3, pages 64-66.

Gibson, Clark C., Ostrom, E., T.K. Ah, T. K., 2000. The concept of scale and the human dimensions of global change: a survey. Ecological Economics 32 (2000), 217–239.

Gosselin, M. et Gosselin, F., 2010. Les valeurs de la biodiversité dans les lois et conventions internationales. In : Politique Publiques de Biodiversité. Problématiques scientifiques, enjeux politiques et actions locales, Laurent Bergès, Jean-Jacques Brun, Marion Gosselin, Caroline Martin, Isabelle Mauz et Eric Rochard (Eds.). Sciences Eaux et Territoires, la revue de l'IRSTEA, N°3, page 9.

Goxe, A., 2003. Revue Développement durable et territoire, février 2003.

Gunderson, L. H., Holling C.S. (Eds), 2002, Panarchy – Understanding Transformations in Human and Natural Systems, Washington, London, Island Press.

Honneth, A., 2006. Entretien ; « sans reconnaissance ne peut pas se penser en sujet de sa propre vie », Philosophie magazine N°5,1, Décembre 2006.

IAASTD, 2008. Synthesis report with executive summary : A synthesis of the global and sub-global, International Assessment of Agricultural Knowledge, Science and Technology for Development, IAASTD reports (B.D. McIntyre et al., eds.), Island Press, Washington DC, États-Unis.

ITAB, 2001. Synthèse et rapport des assises sur le thème « Recherche, Expérimentation, Valorisation en Agriculture Biologique (REVAB), tenu les 30-31 mars, 2011 à Paris, Institut Technique en Agriculture Biologique (ITAB), 51 pages.

Jollivet, M, et Pavé, A., 1993. Environnement : un champ de recherche en formation. Natures Sciences -Sociétés, 1993 1/1, 6-24.

Jollivet, M. 2010. L'avenir de la science est-il dans la « société civile »? NaturesScienceSociétés, 18/4, 434-440.

Jollivet, M., 2010, Natures Sciences Sociétés - Dialogues : http://www.nss-dialogues.fr/Presentation

Kane Touré K. et Clavel D., 2010. Developing mixed knowledge innovative system, technical, institutional and traditional information, for capacity building and empowerment of multi-stakeholders networks in rural Africa. Agricultural Information Worldwide, 3 (2). http://journals.sfu.ca/iaald/index.php/aginfo/article/view/160/122

Larrère, R., Larrère, C., 2009, Du « principe de naturalité » à la « gestion de la biodiversité », in : Larrère, R., Lizet, B., Berlan-Darqué, M., Histoire des parcs nationaux. Comment prendre soin de la nature ? Versailles, Éditions Quæ, 236 p.

Larrère, R., Larrère, C., 2010. Quelques réflexions sur la notion de biodiversité. In : Politique Publiques de Biodiversité. Problématiques scientifiques, enjeux politiques et actions locales, Laurent Bergès, Jean-Jacques Brun, Marion Gosselin, Caroline Martin, Isabelle Mauz et Eric Rochard (Eds.). Sciences Eaux et Territoires, la revue de l'IRSTEA, N°3, 2/29.

Latour, B., 1999. Politiques de la nature. Comment faire entrer les sciences en démocratie, Paris, La Découverte, Paris.

Latour, B., 2001. Le métier de chercheur, regard d'un anthropologue, Inra et Quae, 95 pages.

Laverack, G. et Labonte , R.A., 2000. Planning framework for community empowerment goals within health promotion. *Health Policy Plan*, 15 (3), 255-262.

Loreau, M. 2006. Enjeux de la science et de la gouvernance de la biodiversité, *in* : R. Barbault (ed) Biodiversité, science et gouvernance. Actes de la conférence internationale. *UNESCO*, Paris: Institut français de la biodiversité, pages 53-59.

Mauz, I et Granjou, C., 2010. La construction de la biodiversité comme problème politique et scientifique, premiers résultats d'une enquête en cours. *In* : Politique Publiques de Biodiversité. Problématiques scientifiques, enjeux politiques et actions locales, Laurent Bergès, Jean-Jacques Brun, Marion Gosselin, Caroline Martin, Isabelle Mauz et Eric Rochard (Eds.). Sciences Eaux et Territoires, la revue de l'IRSTEA, N°3, pages 10-12.

Milian, J. et Rodary, E., 2010. La conservation de la biodiversité par les outils de priorisation. Revue Tiers Monde, 202/2, 33-56.

Morandini, F., 2004. Pragmatisme et pratiques en éducation, Réflexion sur le principe d'action selon le pragmatisme de Pierce, James et Dewey.

Moricot, C., 2010. Introduction : la socio anthropologie ou l'exploration des frontières. Multiples du social. Regards socio anthropologie, L'Harmattan, 2010, p7-10

Morin, E., 1999. *Les sept savoirs nécessaires à l'éducation du futur*, Editions du Seuil, Paris, 67 pages.

Moy, A. C. et Kastler, G., 2011. Semences : les droits des obtenteurs contre les droits des agriculteurs ? Inf'OGM N° 112, septembre-octobre 2011.
http://www.infogm.org/spip.php?article4919#outil_sommaire_0

Nachi, M., 2006. Introduction à la sociologie pragmatique, Armand Colin, Paris, 223 pages.

Olivier de Sardan, J. P. ,1993. La politique du terrain sur la production de données en anthropologie. Les terrains de l'enquête N°1: 71-109

Olivier de Sardan, J. P., 2003. L'enquête socio anthropologique de terrain: synthèse méthodologique. Etudes et Travaux N°13, octobre 2003.

Ollivier de Sardan, J. P., 1995. Anthropologie et développement, Karthala , 221 pages.

Olivier de Sardan, J. P., 1998. Émique. *In*: L'Homme, 1998, tome 38 n°147. pp. 151-166.
http://www.persee.fr/web/revues/home/prescript/article/hom_0439-4216_1998_num_38_147_370510

Ostrom, E., 1990, trad. française 2010, Gouvernance des biens communs (Governing the Commons. Editions De Boeck et Nouveaux horizons, 304 pages.

Perrenoud, P., 2004. L'université entre transmission de savoirs et développement de compétences. *In : Congrès de l'enseignement universitaire et de l'innovation*, juin 2004, Girona, Espagne, www.unige.ch/fapse/SSE

Pirard, R. et Billé, R. 2011. Paiements pour services environnementaux, de la théorie à la pratique en Indonésie. Vertigo, vol1, N°11

Planet Under Pressure, State of the Planet declaration " New Knowledge Towards New Solutions", Global Change Research Programme of the International Council for Science, 16-19 March 2012, London, 6 pages.

Poteete, A.R., Janssen, M.A., Ostrom, E., 2010. Working Together: Collective Action, the Commons, and Multiple Methods in Practice. Princeton University Press (ed) Woodstock, 346 pp.

Pudal, R., 2008. La sociologie française est-elle pragmatist-compatible ? Traces. Revue de sciences humaines. N°15/ Pragmatisme : 25-45

Rio + 20, Final agreement "The Future We Want", United Nations Conference of Sustainable Development 20-22 juin 2012, 49 pages, http://www.un.org/en/sustainablefuture/

Rio +20, Science at Rio + 20, 2012.Scientists criticise lack of urgency in Rio+20 accord (http://www.scidev.net/en/science-and-innovation-policy/science-at-rio-20/news/scientists-criticise-lack-of-urgency-in-rio-20-accord.html)

Rio+20, Note de décryptage sur les enjeux de cette conférence Rio +20, 2012.Association 4D et l'Institut de l'Energie et de l'Environnement de la Francophonie (IEPF)

Secretariat de la convention sur la diversité biologique: http: //www. secretariat@cbd.int, 2010. Troisième édition des « Perspectives mondiales de la diversité biologique »3, Montréal, 93 pages.

Steiner, P., 2008. Sciences cognitives, tournant pragmatique et horizons pragmatiques. Traces. Revue de sciences humaines, N°15/ Pragmatisme : 85-105

Think Tank Fondation Nicolas Hulot et Humanité et Biodiversité. Des clés pour comprendre. Etat des lieux et analyse, Mai 2012, 67 pages.

Ressources web

AgroBioPerigord: http://www.bio-aquitaine.com/content/view/78/179/)

Association BEDE (échange et diffusion d'expériences (http://www.bede-asso.org/)

Centre de l'Innovation sociale (CSI): http://www.csi.ensmp.fr/index.php?page=accueil&lang=

Centre de sociologie de l'innovation (CSI) : http://www.csi.ensmp.fr/fr/

Centro Internacional de Mejoramiento de Maiz y Trigo (CIMMYT) : http://www.cimmyt.org/

Consultative Group on International Agricultural Research (CGIAR): http://www.cgiar.org/

Convention sur la Diversité Biologique (CDB), 1992, http://www.cbd.int/

ETC group: http://www.etc-international.org/etc-units/etc-agriculture/)

FAO /Traité international sur les ressources phytogénétiques pour l'alimentation et l'agriculture (TIRPAA) : ftp://ftp.fao.org/docrep/fao/010/i0112f/i0112f11.pdf

Fondation pour le progrès de l'homme (FPH) : http://www.fph.ch/)

Forum Mondial Sciences et Démocratie : http://www.fmsd-france.org/

Groupe Bio d'Aquitaine : http://www.bio-aquitaine.com/)

Intergovernmental Science-Policy Platform on Biodiversity and Ecosystem Services (IPBES): http://www.ipbes.net/

International Center for Agricultural Research in the Dry Areas (ICARDA):http://www.icarda.org/

NSS dialogue : http://www.nss-dialogues.fr/

Programme REPERE du Ministère de l'Ecologie :http://www.programme-repere.fr/projets/

Projet européen FP6 S0LIBAM : www.solibam.eu

Réseau semences paysannes : (http://www.semencespaysannes.org/)

ReSoRiv » : http://www.programme-repere.fr/projets/projets-2011/resoriv-reconnaissance-sociale-et-reglementaire-de-linnovation-varietale-par-la-selection-participative-pour-les-agricultures-biologique-et-paysanne/

www.ingramcontent.com/pod-product-compliance
Lightning Source LLC
Chambersburg PA
CBHW020358270326
41926CB00007B/496